保育者の
危機と専門的成長

幼稚園教員の初期キャリアに関する質的研究

谷川 夏実

学 文 社

はじめに

　写真やイラストで目にする保育者は，笑顔で子どもと遊ぶ若い保育者であることが多い。いつも一緒に遊んでくれたやさしい先生という幼児期の楽しい思い出とあこがれの気持ちを抱いて，保育者を志望する者も少なくない。

　しかしその一方で，幼稚園教員や保育所保育士は早期の離職率が高く，このためにわが国の保育現場の大部分は，若手の保育者によって占められている。一般的にイメージされる保育者の姿が若いのはこのためだと思われる。

　笑顔で子どもと遊ぶ保育者像の背後には，職業上のさまざまな困難や葛藤があるのではないだろうか。近年，保育職の労働環境の問題がしばしば指摘されているが，こうしたことも影響を与えているだろう。大好きだったあこがれの先生は，そうした困難や葛藤を見せずに精一杯，日々の保育にあたっていたからこそ，一人ひとりの心の中で楽しい思い出として今も生き続けているのではないだろうか。

　本書はこのような問題意識に基づき，とりわけ困難や葛藤を抱えることの多いキャリアの初期段階にある若手保育者が，具体的にどのような困難や葛藤を抱えているのか，そしてそれらを抱えながら，どのようなプロセスを経て専門的成長を遂げていくのかを明らかにしようとするものである。保育者は，保育の仕事に誠実に向き合おうとするからこそ，さまざまなことに悩んだり迷ったりする。困難や葛藤は保育者の未熟さを示すものではなく，保育者としての成長に不可欠な要因として捉えなおす必要がある。こうした視点に立つことにより，本書は，初期キャリアの保育者の困難や葛藤をより深く理解し，困難や葛藤の意義をふまえた支援を進めていくための手がかりともなり得るだろう。

　初期キャリアの保育者の困難や葛藤の検討にあたっては，幼稚園教員を対象として，就職直後からインタビュー調査を開始した。その時々に感じ，考えていることを捉えるために，できるだけ短いスパンでインタビューを繰り返し行った。本書はこうして長い時間をかけて聞き取りを継続した調査研究の成果をまと

めたものである。保育者養成課程で学ぶ学生を対象とした調査も含めて4つの研究によって構成されており，各研究の結果とともに示される学生や幼稚園教員の語りからは，保育という営みに携わる者が抱くさまざまな思いを読み取ることもできる。

　保育者として就職してから数年の間にどのように成長していくのかを解明することは，保育者の養成や就職後の教育・研修にたずさわる関係者にとって大きな関心事であると思われる。より多くの保育者がキャリアを継続し，より長いスパンで専門的成長を図っていくうえで，本書が少しでも参考になれば幸いである。

目　次

はじめに　i

第1章　保育者の専門的成長における初期キャリアの重要性 ……………… 1
　1．保育の質の保証と保育者の専門性の向上　1
　2．専門的成長における初期キャリアの重要性　3
　3．初期キャリアの危機とリアリティ・ショック　4
　4．危機と専門的成長　6
　5．本書のねらい　7

第2章　保育者の危機と専門的成長に関する研究動向 ………………… 10
　1．保育者の危機と専門的成長をめぐる多様な研究の流れ　10
　2．保育者の専門的成長　11
　　⑴ 経験年数に基づく力量形成に関する研究　12
　　⑵ 保育者のライフヒストリーに関する研究　13
　　⑶ 保育者の省察に関する研究　14
　3．保育者の精神健康　14
　　⑴ 心の疲労度に関する研究　15
　　⑵ 心の健康度に関する研究　16
　4．初期キャリアの保育者　17
　　⑴ 早期離職に関する研究　17
　　⑵ 精神健康に関する研究　18
　　⑶ 困難感に関する研究　18
　　⑷ 子どもや同僚との関係の変容に関する研究　19
　　⑸ 保育実践の変容に関する研究　19
　　⑹ 省察に関する研究　19
　5．保育者養成課程の学生の実習に関する研究　20
　6．先行研究のまとめ　22

第3章　初期キャリアの保育者の専門的成長を捉えるための理論枠組み……25

1. 熟達化論に対する批判　25

2. 危機に直面した保育者の専門的成長　26

3. 探究的省察のプロセスとしての専門的成長　27

　　(1) デューイの「reflective thinking」　28
　　(2) ショーンの「reflective practitioner」　29
　　(3) 保育者の探究的省察のプロセス　30
　　(4) 保育における「省察」との関係　30

第4章　研究の目的と方法論……………………………………………32

1. 本研究の目的　32

2. 4つの実証研究　32

3. 調査方法―インタビュー調査　34

4. 分析方法　36

　　(1) グラウンデッド・セオリー・アプローチ　37
　　(2) ナラティブ・アプローチ　37

5. 倫理的配慮　38

第5章　幼稚園実習における学生のリアリティ・ショック（研究1）…………40

1. 学生にとっての実習の経験　40

2. X大学学生の実習に対する意識に関する質問紙調査　41

　　(1) X大学の幼稚園実習について　41
　　(2) 調査の概要　41
　　(3) 調査結果　42
　　　①保育者志望について　42／②実習に対する意識について　43

3. インタビュー調査の手続きと分析方法　45

　　(1) 調査対象者　45
　　(2) 調査方法および時期　45
　　(3) 分析方法　46

4. 幼稚園実習における学生のリアリティ・ショックと認識の形成　48

　　(1) 生成されたカテゴリーおよび概念　48
　　(2) 子ども理解の発展　50

①幼稚園実習で学生がリアリティ・ショックを受けた内容　51／②リアリティ・ショックを経験する中で形成された認識　52

（3）ショックからの回避　58

①幼稚園実習で学生がリアリティ・ショックを受けた内容　58／②リアリティ・ショックを経験する中で形成された認識　60

5．実習先の保育者との出会いのあり方　61

6．研究1のまとめ　62

第6章　新任保育者のリアリティ・ショック（研究2）················64

1．新任保育者の最初の1学期　64

2．研究方法　65

（1）調査対象者　65

（2）調査方法および時期　66

（3）分析方法　67

3．新任保育者の勤務状況　68

4．新任保育者のリアリティ・ショックと仕事に対する認識の形成　73

（1）生成されたカテゴリーおよび概念　73

（2）結果図およびストーリーライン　73

（3）新任保育者がリアリティ・ショックを受けた内容　76

（4）リアリティ・ショックの渦中で形成された仕事に対する認識　83

5．「逆接のナラティブ」　86

6．研究2のまとめ　87

第7章　新任保育者の探究的省察のプロセス（研究3）··············89

1．リアリティ・ショックを契機とした探究的省察　89

2．探究的省察のプロセスを解明するための分析枠組み　89

3．研究方法　91

（1）調査対象者　92

（2）調査方法および時期　92

（3）分析方法　94

4．新任保育者の探究的省察のプロセス　94

（1）Aさんの1年目　95

①Ⅰ期（リアリティ・ショックから問題の気づきまで）　96／②Ⅱ期（問題を解決・

改善していくための観念の生成と実践に取り組む姿勢の変容）　98

　　（2）Bさんの1年目　99

　　　　①I期（リアリティ・ショックから問題の気づきまで）　100／②II期（問題を解決・改善していくための観念の生成と実践に取り組む姿勢の変容）　102

　　（3）Cさんの1年目　103

　5．新任保育者の探究的省察を促す要因　105

　　（1）時間的余裕　105

　　　　①保育者としての生活や仕事に慣れるまでの時間の確保　106／②子どもとじっくりかかわるための時間的余裕　106

　　（2）先輩保育者との日常的なやりとり　107

　　　　①日常的なちょっとした時間でのやりとり　107／②先輩保育者とのやりとりを通じた新たな気づきの獲得　109／③やりとりを支える「見てくれている」関係　111

　6．研究3のまとめ　115

第8章　2年目，3年目の保育者の困難や葛藤と探究的省察（研究4）……　118

　1．2年目，3年目の保育者の探究的省察　118

　2．研究方法　119

　　（1）調査対象者　119

　　（2）調査方法および時期　120

　　（3）分析方法　121

　3．3名の保育者の2年目，3年目　121

　　（1）Aさん　122

　　　　①Aさんの2年目　122／②Aさんの3年目　126

　　（2）Bさん　131

　　　　①Bさんの2年目　131／②Bさんの3年目　134

　　（3）Cさん　138

　　　　①Cさんの2年目　139／②Cさんの3年目　141

　4．2年目，3年目の保育者の困難や葛藤　143

　5．研究4のまとめ　144

第9章　初期キャリアの保育者の危機と専門的成長 ………………………… 146

　1．はじめに　146

　2．4つの研究の総括　147

　3．危機を契機とした探究的省察を通じての専門的成長　148

　4．「保育者なる役割を担った存在」になるための探究的省察　150

　5．経験年数の積み重ねの意味　152

　6．保育者養成課程における実習の意義　152

　7．残された課題　154

引用文献　157

おわりに　163

初出一覧　165

索　引　166

第1章

保育者の専門的成長における
初期キャリアの重要性

1. 保育の質の保証と保育者の専門性の向上

　急速なグローバル化の進展のもとで，経済発展に貢献する教育への期待が高まっている（ローダー他 2012）。このような社会の動向を背景として，多くの国で重要な政策課題となっているのが，高等教育の拡充とともに就学前の幼児教育，すなわち保育の充実であり，いかにして保育の質を高めるかについての議論がなされている（池本 2011）。秋田他（2007）は，「国際的にみれば先進国や少子化するアジアの国々においては，保育の中心的議論は，量的な問題から質の問題へと移行」（pp.289-290）してきており，「保育の質をめぐる保育学研究者間の議論もより積極的になされるようになってきている」（p.290）と指摘している。

　わが国でも近年，保育所や幼稚園が担う社会的役割があらためて問い直されるとともに，保育の質の保証に対する関心が高まっている。そして，この質を確保するために，わが国では保育者の専門性の向上が目指されてきた（秋田他2007）。国の行政も政策上の課題として，保育者の専門性の向上，すなわち保育所保育士および幼稚園教員双方の専門性の向上を位置づけている。保育所保育士は，2001年の児童福祉法の改正により国家資格となり，同法第48条において，「保育所に勤務する保育士は，乳児，幼児等の保育に関する相談に応じ，及び助言を行うために必要な知識及び技能の修得，維持及び向上に努めなければならない」と明記された。さらに，2008年の改定において告示化された保育所保育指針には，「職員の資質向上」（第7章）の項目が新たに設けられた。

幼稚園教員については，主に学校教員の枠組みの中で，専門性に関する議論がなされてきた。教員の専門性向上に関する議論は，1987年の教育職員養成審議会答申にまでさかのぼるが，2000年代に入ると，この議論がさらに熱を帯びるようになった。たとえば，2006年7月の中央教育審議会答申「今後の教員養成・免許制度の在り方について」では，「教職は，日々変化する子どもの教育に携わり，子どもの可能性を開く創造的な職業であり，このため，教員には，常に研究と修養に努め，専門性の向上を図ることが求められている」と記されている。また，2012年8月の中央教育審議会答申「教職生活の全体を通じた教員の資質能力の総合的な向上方策について」では，「教員としての専門性の基盤となる資質能力を確実に身に付けさせるため，教育委員会と大学との連携・協働により，教員養成の高度化・実質化を推進する」ことが謳われ，「学び続ける教員像」の確立の必要性が指摘されている。同答申によれば，学び続ける教員とは，教職生活全体を通じて実践的指導力等を高めるとともに，探究力を持ち学び続ける者を指す。

　幼稚園教員に焦点を絞り，その専門性の基盤となる資質の向上を指摘したものとしては，2002年に文部科学省より出された幼稚園教員の資質向上に関する調査研究協力者会議報告書「幼稚園教員の資質向上について―自ら学ぶ幼稚園教員のために」（報告）がある。同報告の「はじめに」の中で，座長の無藤隆は，その時の経緯を次のように述べている。

　　幼稚園教員の資質の向上は，幼稚園教育の充実のため必要不可欠なことであるが，これまで，教員全体の資質向上の中に含めて論ぜられることはあったものの，とくに幼稚園教員についてのみ本格的に議論されたことはなかった。そこで，文部科学省では，平成13年3月に策定した「幼児教育振興プログラム」において，すべての幼稚園教員が適切な時期に必要な研修に参加する機会を充実することを目標に掲げ，幼稚園教員の資質向上に関する調査研究を実施することとした。

さらに，2005年1月の中央教育審議会答申「子どもを取り巻く環境の変化を踏まえた今後の幼児教育の在り方について―子どもの最善の利益のために幼児教育を考える―」には，幼稚園教員の資質および専門性の向上について次のように記されている。

　社会環境の急速かつ大きな変化に伴う幼児教育の多様な展開に対応するため，幼稚園教員の養成・採用・研修等の改善や上級免許取得の促進を図るなど，その資質及び専門性の向上を図る。

（第2章 第1節3　幼稚園教員の資質及び専門性の向上）

　以上のように，今日，保育者の専門性の向上が社会的に強く要請されている。しかし，保育学の領域では，この課題の重要性は共有されているものの，保育者の専門性の向上について実証的に分析した研究は多くない。保育者はどのようにして自らの専門性を向上させていくのだろうか。本書では，この課題について，保育者としてのキャリアを歩み始めたばかりの初期キャリアの保育者に焦点を当てて究明する。

　なお，本書では，保育所保育士または幼稚園教員の職に就いている者を「保育者」とする。厳密に言えば両者の職務内容には違いがあるが，ともに子どもの保育に携わる者であることを重視して，本書ではこのいずれかの職に就いている者を「保育者」と表記する。ただし，それぞれの職種を明確に示したい場合には，「保育所保育士」，「幼稚園教員」と明記する。

2．専門的成長における初期キャリアの重要性

　保育者の専門性の向上について，本書では，Fullan et al.（1991）が用いた教員の「専門的成長（Professional Development）」の概念に依拠して，「養成教育から退職するまでのキャリア全体を通じての，フォーマル，インフォーマルな学びの総体」（p.326）として捉えることとする。この定義において，保育者の専門的成長

は，職業上のキャリアの時間経過の中での学びの総体を指すものとして理解することができる。

こうした職業上のキャリアの時間経過を構造的に捉えるうえでは，シャイン（1991）の「キャリア・サイクル」論が参考になる。シャインは，職場の中で個人がキャリアの各段階を進んでいくことを「キャリア・サイクル」と名付けた。キャリアの段階は，まずキャリアへのエントリーに先立つ時期があり，その後に初期・中期・後期の3つの段階のワーキング・ライフの時期を経て，最終的に引退へとたどるものと整理されている。

キャリア・サイクルのうち，初期キャリアは，職に就いて仕事の内容と職場に適応し，組織に貢献できる正規のメンバーとして認められ，職務として課せられた義務を首尾良く果たせるようになるまでの時期を指す。この初期キャリアの過ごし方次第で，その人のその後は2つに分かれる。ひとつは組織にうまく社会化され，組織に適応していく場合であり，もうひとつは組織との不一致の度合いが大きいために別の組織への転職が必要となる場合である。後者の場合，早期離職のおそれが高まるため，シャインは初期キャリアの時期がキャリア・サイクルにおいてとくに重要であると指摘した。

このことは保育者の専門的成長の検討に際して，とくに注目すべき指摘である。なぜなら保育者の場合，職に就いてから数年の間に，すなわち初期キャリアのうちに離職していく者が非常に多く，そのために保育の現場は若手の保育者で大半が占められることとなり，保育の質の維持が難しくなっているからである（Benesse 次世代育成研究所 2009）。それゆえ初期キャリアの保育者のキャリアをいかにして継続させていけるかが，彼らの専門的成長とともに，保育の質の向上を図るうえで喫緊の課題となっている[1]。

3．初期キャリアの危機とリアリティ・ショック

初期キャリアの保育者の専門的成長に関して留意すべきことのひとつは，この段階は就職という人生の節目であって，そこに重大な危機がともなうということ

である。山本（1992）は「ライフサイクルやライフコースの中で生起する変化の過程」（p.15）という表現を用いたうえで，それを「人生移行 (life transition)」（p.15）という言葉で端的に表した。移行が生じる人生の節目には「発達段階の節目」（同上，p.16）もあれば，「一生の間に起こるさまざまな出来事 life event を節目とする」（同上，p.16）ものもある。このことをふまえると，学校を卒業し保育職に就くことは，就職というライフイベントを節目とした学生から社会人（学校から職場）への移行と捉えることができる。

　この移行により，当事者を取り巻く状況は大きく変わる。学生から社会人へと社会的な役割が変わるだけでなく，慣れ親しんだ学校という場から職場へと環境が変わり，新たな環境に慣れることも必要とされる。山本は，人生移行は変化をともない，移行する当事者に大きな衝撃を与える場合があることから，「人生移行は危機を内包している」（同上，p.16）と指摘している。この危機という概念について，危機理論を構築した Caplan（1961）は次のように説明している。

　　人が人生の重要な目標に対する障壁に直面し，それを通常の問題解決の方法では乗り越えられないような状態が危機である。混乱や気の動転が続き，その間，さまざまな解決法が試みられるが，いずれもうまくはいかない。最終的には何らかの適応を果たすことになるが，それがその人やその人の仲間にとって最善のものとなるかはわからない。　　　　　　（Caplan 1961, p.18, 引用者訳）

　Caplan によれば，危機とは，人生の重要な目標の達成を妨げるような大きな障壁であり，それまで通常用いてきた方法では解決できないものである。そして，個人はその障壁を解決しようとしてさまざまな試みを行い，最終的にはなんらかの形での適応へと至ると考えられている。

　これに基づいて，初期キャリアの保育者の危機を定義すると，彼らが保育の仕事をまっとうしようとする際に，それを妨げる障壁に直面し，自らがとりうる解決方法では対処できない状態だということができる。その危機における初期キャリアの保育者の具体的な反応や表れとして，彼らの困難や葛藤がある。

危機に直面した初期キャリアの保育者の困難や葛藤について，シャイン（1991）は，キャリア・サイクルの観点から「リアリティ・ショック」という概念によって説明している。リアリティ・ショックとは，「個人が初めて主な仕事につく場合の最も顕著な特徴」（シャイン　1991，p.105）である。それは，一方における自分の期待・夢と，他方における組織での仕事や組織に所属するという現実の間のギャップに衝撃を受けることを意味する。シャインは，この時期の主な課題は「すべて，期待・現実間のギャップの様々な面に由来」（同上，p.105）し，リアリティ・ショックを切り抜けられない場合は早期の離職に至ることもあると指摘している。

4．危機と専門的成長

　以上をふまえると，初期キャリアの保育者の多くはリアリティ・ショックを経験することが予想される。リアリティ・ショックは，保育者に大きな衝撃を与えるものであるが，それと同時に，この危機は彼らの専門的成長の契機ともなりうる。

　広辞苑（第6版）では，危機は「大変なことになるかも知れないあやうい時や場合。危険な状態」と，人間にとってネガティブな状況を表わす言葉として説明されている。しかし，山本（1992）によれば，「危機 crisis」は，その語源を遡ると「病が悪い方に向かうか，良い方に向かうかの分かれ目の時点」（p.16）を意味する言葉として用いられていたという。これをふまえ山本は，「危機は分かれ目であるから，人生の中で次々と起こる出来事に対して，適切に対処すれば人間の成長につながるし，失敗すれば破局につながる」（p.16）と説明している。また，山勢（2002）も，「危機を転換点と捉えることによって，危機には成長を促進させる可能性（growth-promoting potential）が内在していると考えることもできる」（p.6）と述べている。

　保育学の領域ではこれまでも，保育者の危機はネガティブな影響ばかりではなく，ポジティブな意味ももつものであることが指摘されてきた。たとえば，秋

田 (2000) は，保育者が出会う困難や葛藤が「保育者になっていくこと」を難しくさせる一方で，それらが「保育者としての視野を広げ保育に質的な変容を与える一つの契機」(p.48) にもなると述べている。岸井 (2000) や後藤 (2000) も，保育者が保育実践や保育を取り巻くさまざまな関係性の中で困難や葛藤を抱え，気持ちが揺らぎ，悩むことは，保育者の成長の契機として積極的な意味をもつと指摘している。

5．本書のねらい

　本書のねらいは保育者の専門性の向上を，キャリアの時間経過の中での専門的成長として捉えたうえで，初期キャリアの保育者が直面する危機に着目し，危機を契機とした専門的成長について分析することである。危機に直面した保育者が，そこでどのような困難や葛藤を経験し，さらにその経験を契機としてどのように専門的成長を遂げていくのかを丹念に検討する。

　この課題を検討するために本書では，初期キャリアの保育者の危機を捉える鍵概念として，リアリティ・ショックに注目する。それが最も鮮明に表れるのは，就職1年目の新任保育者である。この時期の保育者は学生から社会人への移行によって社会的役割や環境が大きく変化し，そのことで大きな衝撃を受けることが予想される。しかしながら，初期キャリアとは就職直後の1年目だけを指すものではない。そこで，本書では就職後3年目までの保育者を初期キャリアとみなし，1年目から3年目までの保育者を対象としたインタビュー調査により分析する。

　教員の専門的成長について論じた Huberman (1993) は，1年目から3年目までは教員になる前に抱いていたイメージと現実とのギャップに悩みつつ，さまざまなことを学び手ごたえを感じていく時期であるとしており，3年目までをひとつの区切りとしてみなす考え方を採用している。また，厚生労働省は労働者全体の離職率とともに，新規学卒者の卒業後3年以内の離職状況について統計をとっており，ここからも初期キャリアにおける職場定着が3年を区切りとして判断されていることがわかる。これらによれば，一般的にはその年限程度までが初期キャ

リアだとみなすことができる。[2)]

　なお，保育者の場合，学生時代の保育者養成課程の実習においても保育現場にふれる機会がある。この予備的段階で学生はどのようなことにリアリティ・ショックを受けるのか，そして，それは1年目の新任保育者のリアリティ・ショックとどう違うのか。また，実習は保育者の専門的成長にとってどのような意義があるのか。このことも本書にとっては重要な分析課題である。したがって，初期キャリアの保育者の危機と専門的成長について，養成課程の学生も対象に含めて検討していく。

注

1)　わが国の保育職に関する早期離職の実態については，学校である幼稚園は文部科学省，児童福祉施設である保育所は厚生労働省と監督官庁が異なるため，幼稚園教員，保育所保育士の両者を対象とした離職に関する公的な実態調査は行われていない。このため，幼稚園教員と保育所保育士に分かれてさまざまな調査がなされている。幼稚園教員については，2013年度「学校教員統計調査」からその実態がわかる。同調査の「年齢区分別職名別性別離職教員数」の表を見ると，2013年度の1年間に，園長など管理職を含む幼稚園教員全体の中で離職した者の総数は11,710人であったが，そのうち，25歳未満が2,964人であった。つまり，離職者数の25.3%が25歳未満になる。

　　　保育所保育士については，2009年に全国保育士養成協議会の専門委員会が「指定保育士養成施設卒業生の卒後の動向及び業務の実態に関する調査」を実施している。調査結果では，保育士養成校を卒業した者の中で，就職後2年以内に辞める者が4割近くいたことが示されている。

2)　シャイン（1991）も，職に就いた個人がキャリアの初期段階において組織のあり方を受容するのは，「仕事の型，新従業員の遂行能力，および，多くの偶然の事情によってさまざまであるが，概して就職直後の2～3年間に起こる」(p.128) と述べている。

　　　また，たとえば東京都教育委員会は，全国に先駆けて2010年度から高い資質・能力をもった若手教員を育成することを目的として，採用から3年間で系統的・段階的に教員としての基礎的・基本的な知識・技能を確実に育成する「東京都若手教

員育成研修」を実施している。法令研修としての初任者研修だけでなく，東京都の独自研修として2年次研修，3年次研修を実施し，初任者研修から3年次研修までを若手教員育成研修の枠組みで必修研修として位置づけている。2・3年次研修は小学校以上の校種の教員に対するものであるが，こうした取り組みから示唆されるのは，教育現場における若手とは3年目までを一区切りとして捉えられ，若手として3年の間に教員としての基礎的・基本的な力量を形成することが求められていることである。

第2章

保育者の危機と専門的成長に関する
研究動向

1. 保育者の危機と専門的成長をめぐる多様な研究の流れ

　第1章で指摘したように，初期キャリアの保育者の多くはリアリティ・ショックの危機に直面することとなるが，その危機はその者の専門的成長の重要な契機ともなりうる。保育者を対象とした先行研究は，この課題をめぐってどのような知見を得てきたのだろうか。本章では，この点を明らかにするために，「保育者の専門的成長」，「保育者の危機」，「初期キャリアの保育者」，「保育者養成課程の学生の実習」の4つの領域に該当する研究の動向を振り返る。なお，2つ目の「保育者の危機」では，保育者の精神健康に着目した研究が多くを占めているため，この領域は「保育者の精神健康」としてレビューする。

　レビューの対象は，国内の保育者を対象とした研究に限定した。その理由は，国により就学前の保育のあり方が異なり，保育者の職務の状況に違いがみられるからである。なお，前章で述べたように初期キャリアについては，リアリティ・ショックを受けやすい就職1年目の保育者が重要な対象であるが，初期キャリアとしては3年目くらいまでを含めることが多い。このため，ここでも1年目から3年目までを初期キャリアとして，主にその年数の保育者を対象とした研究をレビューする。

　上記の4つの各領域の研究について，1990〜2013年に発表された学術論文（学会の発表要旨，雑誌記事を除く）を対象に，電子ジャーナルデータベース CiNii を使用して文献検索を行った。これに加えて書籍刊行物として高濱（2001）を取り

上げることとした。保育者の専門的成長に関する研究として、この領域の学術論文で頻繁に引用・参照されている書籍であるためレビューの対象に含めた。

なお、1990年以降の文献をレビューの対象としたのは、1989年の幼稚園教育要領改訂や1990年の保育所保育指針改訂を境に保育者の専門的力量が保育の質を決めるという考え方が支持されるようになったからである（上田 2001）。

2．保育者の専門的成長

最初に、保育者の専門的成長に関する研究についてレビューする。ただし、高濱（2000）が指摘しているように、これまで保育者（幼稚園教員・保育所保育士）の専門的成長を検討した研究は限られている。このことについて、高濱は次のように述べている。

> 保育者（幼稚園教員や保育所保育士）の成長についての研究は、職業を通した発達や保育者の養成に加えて、成人発達についても重要な視点を提供すると考えられる。教師の職業発達は、従来熟達化研究の枠組みの中で検討されてきたが、その対象の多くは小学校以降の教師であり、保育者に関してはほとんど検討されていないのである。
>
> （高濱 2000, p.200）

保育者の専門的成長に関する研究が少ない理由としては、早期に離職する者が多いことが挙げられる。勤務や職務の内容が異なるため単純な比較はできないが、これまでの文部科学省の「学校教員統計調査」によれば、小学校以上の教員の多くが就職後定年まで勤め上げるのとは対照的に、保育者は定年まで働き続ける者の割合が低い。このため、保育者の場合、経験年数が長い者というのは、さまざまな困難に直面しながらも、離職せずに継続している者ということであり、そうした保育者は限られている。したがって、経験年数の短い保育者と長い保育者を比較しても、そこで得られた結果は必ずしも経験年数によって専門的成長を遂げた結果だとは単純に解釈できないという問題を抱えている（無藤

2009)。

　また，岩立他 (1998) は2つの理由を挙げている。ひとつは，「保育職の専門性が一般に認められにくい傾向がある」(p.215) ことである。生活や遊びを通して学びが展開される保育所保育や幼稚園教育は，誰にでもできるような，きわめて単純で，容易な行為だとみなされることがある。これと関連して，2つ目の理由は，「保育者のキャリアが『優しさ』『愛情の深さ』『勘やコツ』など感覚的な表現で語られてきた」(同上，p.215) ことである。こうした岩立他の指摘は，保育者の専門性の形成・発達に対する研究的関心が低く，それを捉える枠組みも曖昧であったことが，保育者の専門性の解明を難しくしていたことを示唆するものである。

　このように，保育者の専門的成長に関する研究は量的に限られているが，その内容は大きく3つのテーマに括ることができる。ひとつ目は，経験年数に基づく力量形成のあり方をテーマとする研究であり，最も多くを占めた。2つ目は，保育者のライフヒストリーに着目し，経験年数を積み重ねた保育者がどのようにして専門性やキャリアを形成したのかを解明しようとする研究である。3つ目は，保育者の省察に関する研究である。

(1) 経験年数に基づく力量形成に関する研究

　保育者の専門的成長に関する研究で一定の蓄積が認められるのは，経験年数に基づく力量形成に着目した研究である。それらの研究では，経験年数の積み重ねとともに保育者の力量が形成されていくことを前提として，どのような力量が備わっていくのかについて分析が進められてきた。具体的には，保育に関する意識や実際の保育の中で直面するさまざまな問題への対応に関し，経験年数の異なる保育者集団間の比較によって検討がなされてきた。調査方法は，質問紙調査による量的分析，質問紙調査と面接調査を併用した分析，週案や日案，保育記録などの記述に関する質的分析の3つに分けられる。

　このテーマに関する先行研究では，経験年数が長くなるにつれて，職務の難易度が全体的に下がってきていると認識するようになること（上田 2003），幼児の年齢や時期，個人差，幼児同士の関係性をふまえ（堀 1997，岩立他 1998，高濱

2001），幼児の姿を複数の視点から捉えるようになること（高濱1997），幼児にかかわる際に多様な選択肢をもち（小原他 2008），先を見通したかかわりをするようになること（堀 1997）が報告されている。また，内藤他（2005）は，週日案等の内容に着目し，最初はクラス全体の幼児の姿がひとまとまりのものとして描かれていたが，しだいに個人名をともなう具体的なかかわりが記述されるようになっていくことを示した。

（2）保育者のライフヒストリーに関する研究

本節の冒頭で述べた理由により，保育者の専門性やキャリア形成をテーマにした研究も数が限られている。保育者と同様に早期離職者が多いとされている看護師については，職能団体である日本看護協会が看護職の就業と定着の推進を重点施策として取り組んでいる。これに対して，保育者については，早期に離職することが，若手の保育者を一定のサイクルで雇用できるシステムとして機能しているとの指摘もあり（加藤・鈴木 2011），離職や職業継続に関する問題関心が高いとはいえない。

こうした中で保育者のライフヒストリー研究では，経験年数の長い保育者を対象として彼らの語りに着目し，保育者としての専門性やキャリア形成について明らかにしてきた。具体的には，保育者の保育観や保育に対する「構え」は，その時々の制度や思想によって形成されるのではなく（田甫 2005），保育実践を含めたさまざまな経験を通じて長い時間をかけて形成されるものであることが明らかにされている（梶田他 1990，田甫 2005）。また，同僚や子どもとのかかわりを通じて，保育に対する信念を補強したり再構成する過程に保育者の専門的成長があることも報告されている（吉岡 2007）。香曽我部（2012，2013）は，近年の社会状況の急激な変化を乗り越えるうえでは，保育実践コミュニティ（興味・関心を共有した者たちが，相互に貢献しあい，共同で活動に取り組む共同体）の形成とそこでの展望の共有が重要であると指摘している。

(3) 保育者の省察に関する研究

　津守 (1998) は，保育実践を振り返る省察について，「実践と省察は切り離すことができない」(p.160) 重要な営みであると述べた。このように省察は保育実践において不可欠な行為として重視されてきた。しかし，保育者の専門的成長を分析するための概念として省察を捉え，検討した研究は少ない。そうした中で特筆すべきは吉村他 (1997) の研究であり，保育者の省察による専門的成長が実証的に解明されている。

　吉村他によれば，それまでの研究では，経験年数が保育者の成長を測る指標とされ，年数が長くなれば新しい知識を得ていくものだと考えられてきた。しかし，保育者の成長を経験年数 (時間) に依存する考え方は，①「時間の経過が必ず成長をもたらすという安価な考えを導き，保育の惰性を容認する」，②「時間を経た結果として一種の『成長した保育者像』を想定し，成長のプロセスまでが画一視されかねない」(pp.68-69) という問題を抱えている。そこで吉村他は，「保育者の経験を量的に把握し評価するのではなく，1 人ひとりの現時点での経験の質を問う視点にたち」，「成長の実現に重要な影響を果たすと思われる省察に焦点化し，省察によって実現され得るミクロなレベルでの成長を実証的に解明する」(p.69) ことの必要性を説いた。これに基づき彼らは，保育者の省察過程に着目して保育者の成長を分析し，「保育者の実践と省察によって実現し得る成長とは，実践と省察の螺旋連続過程を意識的に経験し，問題解決をとおして特定の実践について多角的視点を獲得すること」(p.75) であると指摘した。

　なお，新任保育者の省察に注目した研究がいくつか行われているが，それらは「4. 初期キャリアの保育者に関する研究」で扱うこととする。

3．保育者の精神健康

　保育者の危機に関する先行研究を検討するために，ここでは保育者の精神健康をテーマとした調査研究をレビューする。保育者の危機を招く要因や危機に陥らないための手立ての検討は，彼らの精神健康に着目することによってなされ

てきた。嶋崎・森（1995）が行った調査では，保育者の精神健康の状態と「仕事の士気の低下」，「子どもに対する否定的イメージ」には有意な相関が認められたことが報告されている。この結果が示すように，保育者の精神健康の低下は，離職や保育の質の低下を招きかねない危機と捉えられ，主に心理学の見地から保育者の精神健康に関する研究が進められてきた。

　調査方法としては，質問紙調査による量的分析が多く，調査内容は，①心の疲労度に関する心理尺度を用いた調査と，②心の疲労度を低下させ，心の健康度を維持，高める影響要因の度合いを測る心理尺度を用いた調査（心の健康度に関する心理尺度を用いた調査），の2つに分けることができる。

（1）心の疲労度に関する研究

　心の疲労度に関する研究では，ストレス尺度やバーンアウト尺度を用いて心の疲労度を明らかにするとともに，疲労度を高めたり，疲労度に影響する要因についての検討も行われている。

　冨田（2009）は，対象となった幼稚園教員および保育士の84.9％が，職場において何らかのストレスを感じていると回答したことを報告している。保育者のストレスについては，幼稚園教員，保育所保育士の両者において「園内の人間関係の問題」が大きなストレスとなっていることが明らかにされている（嶋崎・森1995，西坂2002，西坂・岩立2004，西坂2006，宮下2010）。

　幼稚園教員を対象とした西坂（2006）の調査では，「仕事の多さと時間の欠如」，「子ども理解・対応の難しさ」，「学級経営の難しさ」はストレスとして知覚されているものの，それらが精神健康を害する要因としては確認されなかったこと，それとは対照的に「園内の人間関係の問題」によるストレスは，精神健康を害する要因となることが指摘されている。また，西坂・岩立（2004）では，経験年数によってストレスの内容に違いがあるが，「園内の人間関係の問題」に関するストレスは共通してみられ，経験年数を経ても精神健康を害する要因となっていることが示されている。

　保育士についても，小林他（2006）が，バーンアウト症状（情緒的消耗感，脱人

格化，個人的達成感低下）すべてにおいて，1割以上の保育士が「注意すべき」状態であり，主に職場内の方針や人間関係に起因する項目が関連していることを明らかにしている。

なお，幼稚園教員，保育所保育士ともに，経験年数によってストレスの内容や疲労度が異なるため，経験年数に合わせた支援の必要性が指摘されている（上村 2012，西坂・岩立 2004）。

（2）心の健康度に関する研究

心の健康度に関する研究では，ハーディネス尺度，ソーシャルサポート尺度，コーピング尺度，保育者効力感尺度などの心理尺度や，レジリエンスの度合いを図る検査によって，保育者の心の健康状態の分析がなされてきた。また，心の健康の維持や向上に資する手立ての検討や新たな尺度の開発もなされている。

これらの調査で鍵概念となっているのは，「保育者効力感」である。保育者効力感とは，Bandura（1977）が提唱した「自己効力感」を応用・発展させて提案された概念であり，「保育場面において子どもの発達に望ましい変化をもたらすことができるであろう保育的行為をとることができる信念」（三宅 2005，p.31）と定義されている。

保育者効力感に関するこれまでの調査では，経験年数が保育者効力感に影響を与えること（齋藤 2000，西山 2006），保育者効力感の高さが保育士の働きがいに影響を与えること（齋藤 2000）が報告されている。また，保育者が「専門職としての誇り」，「保護者・子どもとの信頼関係」を認識していることが保育者効力感に対してポジティブな影響を与える（池田・大川 2012）とともに，保育者効力感が高まることでストレスに対する耐性力が高まり，心の健康度が高くなるという指摘もなされている（上村 2011）。さらに西山（2008）は，保育者効力感と保育者の自我同一性の間には正の相関関係があること，保育者効力感が保育実践に強く影響することを明らかにした。こうした保育者効力感に関する諸研究をふまえ，西山（2005）は「幼児の人とかかわる力」を育むための保育者効力感尺度を開発し，それに基づき西山（2011），西山・片山（2013）では，保育者効力感を高

めるためのプログラムの検討・実施を試みている。

　また，心の疲労度を低下させ，精神健康を良好に保つための手立てとして，ソーシャルサポート（個々の保育者が持つサポートネットワーク）の充実が唱えられ，とくに職場の内外においてサポート提供者となる他者の存在の必要性が指摘されている（西坂・岩立 2004，小林他 2006，上村 2011）。

4．初期キャリアの保育者

　初期キャリアの保育者を対象とした研究は，次の6つの内容に分けることができる。①早期離職に関する研究，②精神健康に関する研究，③困難感に関する研究，④子どもや同僚との関係の変容に関する研究，⑤保育実践の変容に関する研究，⑥省察に関する研究である。なお，③から⑥までの研究は，就職1年目の新任保育者を主たる対象としている。全体を通して，2年目，3年目の保育者に焦点をあてた研究は，ほとんどなされてこなかった。

　調査方法について，①②③の研究では，多くが質問紙調査によるものであるが，それとともに面接調査を併用した研究もみられる。④⑤⑥の研究では，保育者の保育記録などの記述，参与観察記録や保育者へのインタビュー記録について質的分析を行っている。いずれの調査結果においても，初期キャリアの保育者は，保育を続けていくことに多くの困難を抱えながら，努力と葛藤の中で日々を過ごしていることが報告されている。以下，それぞれの調査おいて得られた知見を整理する。

（1）早期離職に関する研究

　幼稚園，保育所を問わずに早期に退職する者が多いことが報告されている。遠藤他（2012）は，2007年度から2011年度までに静岡県内の短期大学を卒業した者で，幼稚園，保育所，その他の児童福祉施設に就職した181名を対象に質問紙調査を行った。その結果，卒業後に幼稚園，保育所に就職した者のうち，調査時点で3割程度が退職を経験していたことが明らかになった。また，この退職を経験

した者のうち，保育者として他の園に再就職した者は2分の1にすぎず，4分の1
は別の職業に転職し，4分の1は退職後職業に従事していなかったことも示され
た。加藤・鈴木（2011）が静岡県内の132の私立幼稚園，私立保育所，児童福祉
施設を対象に実施した調査では，幼稚園，保育所いずれも約半数の施設におい
て，在職期間3年未満の退職者がいたことが報告されている。また，森本他
（2013）が近畿圏にある幼稚園・保育所146施設に対して実施した質問紙調査で
も，約半数の施設で就職後3年未満の退職者がいた。

　なお，就職後3ヵ月の新任幼稚園教員496名を対象とした水野・徳田（2008）の
調査では，この時点で「仕事を辞めたいと思ったことがある」と回答した者が
60％を上回ったことが報告されている。

（2）精神健康に関する研究

　初期キャリアの保育者は，精神健康を維持しにくい状況に置かれていること
が指摘されている。西山（2006）は，経験年数5年目までの保育者の効力感は，経
験年数6年目以上の保育者と比べて著しく低いことを明らかにしている。保育所
保育士を対象とした上村（2011, 2012）の調査では，経験年数5年未満はストレス
耐性力が低く，心の健康度が低いことが示されている。幼稚園教員については西
坂（2004, 2010）が，経験年数1-3年群の精神的健康を害する要因として「園内の
人間関係の問題」を挙げている。

（3）困難感に関する研究

　加藤・安藤（2013a, 2013b）は新任保育者がどのようなことを困難と感じている
かに着目し，それを「困難感」と名付けて分析を行った。加藤・安藤（2013a）は
インタビュー調査により，新任保育者は「保育者としての未熟さ」，「仕事の大変
さ」，「人間関係の困難さ」を感じていることを明らかにし，これらの困難感は相
互に影響し合っていること，新任保育者のメンタルヘルスを考えるうえではとく
に「職場の人間関係」が重要であることを指摘している。また，加藤・安藤
（2013b）では，園長から見た新任保育者の困難感は，新任保育者が感じているよ

りも有意に低いことが明らかにされている。

(4) 子どもや同僚との関係の変容に関する研究

　このテーマに関する研究では，新任保育者が同僚に支えられながら日々の保育実践を積み重ねる中で子どもとの関係を築き，保育者としての手ごたえや力量を形成していく姿が描かれている。新任保育者は子どもとかかわることによって「自己の未熟さ」に気付き，子どもに対する自分の行為の意味を問い直す中で，信頼関係を形成していくこと（寺見・西垣 2000），子どもとかかわる中で問題に直面した時に同僚の存在が大きな支えになること（入江 1998，田中 2010），保育実践について同僚との「共通認識」をもつことが保育の力量形成に繋がっていくこと（田中・仲野 2010）が指摘されている。また，三谷（2006）では，新任保育者が「自分なりにやっていける」手ごたえは，「同僚との関係が良好であること」や「主体的に子どもとかかわるなかで自分の役割を見出し，子どもを援助しているという実感を持てること」の中で生成され，反対に手ごたえを感じられなくなると，自分の至らなさを感じるようになることが示されている。

(5) 保育実践の変容に関する研究

　渡辺（2006）は，新任保育者を対象として参与観察およびインタビューを行い，初めは目先の保育の活動内容や子どもへの対応に苦慮しているが，1年を通じて全体把握と個々の子どもへの援助に関する葛藤に質的な変化がみられたことを明らかにしている。また，仲野・田中（2009）では，新任保育者に行ったインタビューに基づき，新任保育者は多くの不安を抱えながらも，次第に周りに目を向けられるようになったとの指摘がなされている。

(6) 省察に関する研究

　飯野（2008）は，新任保育者の省察の生起には，「実践における成果」と「先輩保育者との関わり」が大きな影響を与えていることを明らかにした。金（2009）は，チーム保育をしている新任保育者と先輩保育者の実践後の「話し合い（対

話）」においては，教える者，学ぶ者という関係ではなく，両者が「ともに悩み・ともに学ぶ」立場であることが求められると指摘した。そして，「子どもとの関係を第三者的立場で見ることのできる他の保育者の存在」が，新任保育者の保育実践中および実践後の省察過程において支えになると述べた。また，溝口（2009）では，保育カンファレンスにおいても「先輩保育者との仲間意識」が新任保育者の省察過程を支えていることが示されている。

新任保育者の特徴を明らかにするために山川（2009）は，「気になる子」への保育の振り返りの内容についてベテラン保育者と比較するとともに，その新任保育者が2年目になった時の語りとの違いを検討した。その結果，新任保育者はベテラン保育者のようにまとまりをもって保育を捉えて語ることはできないこと，「気になる子」の保育は，「精神的な辛さ」をともなうものであるが，「サポート資源」を活用したり，「思考を深めるきっかけ」になったことが指摘された。「気になる子」に関する新任保育者の継続的な記録を分析した遠藤・下田（1998）では，そうした記録を通じた省察によって，自分が直面している問題に気づき，問題に対してゆとりをもって向き合うことができるようになり，自分自身を前向きに捉えるようになったことが示されている。

5．保育者養成課程の学生の実習に関する研究

最後に，保育者養成課程の学生の実習に関する先行研究について整理する。保育者養成課程では，幼稚園教諭免許状を取得するための教育実習，保育士資格を取得するための保育実習がそれぞれ必修科目として位置づけられている。ここでは，幼稚園および保育所で行われる実習に着目し，その中でも実習生が実際に保育の場を体験しながら学ぶ参加実習に関する研究をレビューの対象とする。

実習に関する研究の特徴は，実習前後の調査結果を比較することによって学生の変化を明らかにし，実習が学生に与える影響や実習の教育効果を検討する点にある。しかしながら，その経験がその後，職に就いた時にどのような影響をもつのか，その先を見通した視点をもっていない。

実習に関する研究は1990年代より盛んに行われるようになった。森（2003）によれば，それらの研究の主な問題関心は実習前後の学生の心理的変化の解明にあった。実習前後の学生の心理的変化に関する研究の中で最も多いのは，効力感に関する研究である。保育者効力感は，保育実践の基礎をなすもののひとつとして位置づけられ，保育者養成段階の学生を含めて，そのキャリア発達を検討するひとつの指標として用いられている（神谷 2010）。

　効力感に関する研究では，実習によって，学生の自己効力感や保育者効力感が高まるのではないかという仮説のもと，実習前後に質問紙調査を実施し，統計的分析により効力感の度合いの変化や，効力感に影響を与える要因についての検討がなされている。それらの調査の結果，実習によって保育者効力感だけでなく，自己効力感も高まり（三木・桜井 1998, 浜崎他 2008），実習を通じて「夢見る効力感」から，「身の丈効力感」へと移行していく（森野他 2011）ことが指摘されている。また，保育者効力感の高い者は「明るく快活に」実習に取り組んでおり（森 2003），保育者効力感の高まりには，「実習園が自分の期待に沿うところであり，たのしく実習できたといった『実習園との合致感』」（三木・桜井 1998）が関係していること，実習中の保育行為に対して保育者効力感が影響を与える（森 2003, 浜崎他 2008）ことも明らかにされている。

　実習に関する研究で次に多くみられるのは，学生の子ども理解の変容を明らかにした研究である。実習前後の質問紙の回答の変化や，実習日誌の記述の変化を読み取ることによって，実習を通じて子どもに関する理解がどのように変容したのかが分析されている。これらの研究において，学生は実習を経験することにより，一人ひとりの子どもに目を向けられるようになり（志賀 1993），子どもの行動や表情だけでなく気持ちを理解しようとするようになること（松永他 2002, 大西・秋山 2003, 志賀 2004, 鈴木・仲本 2006）が見出されている。また，一人ひとりの子どもへの理解が深まり，クラスの子ども全体への配慮や環境構成の必要性がわかるようになってくる（志賀 1993, 2004）が，具体的に子どもをどのように育てたらよいかという手立ての検討は難しい（久世他 1997）ということも報告されている。

その他にも，高村（2001）は，実習を通じて「仕事に関するスキルの上達」，「子どもに関する理解の深まり」，「仕事内容の理解の深まり」，「将来への意識の変化」がみられることを明らかにした。また，澤津・永田（2010）は，実習の中で学生は「できない自己に対する否定的な感情」を経験する段階，「自己の成長への希求」の段階，「自己の課題の吟味」の段階，「保育専門職への志向性の強化」の段階の4つの段階を経験することによって成長を遂げていることを示した。

6．先行研究のまとめ

本章では，初期キャリアの保育者の危機と専門的成長に関して，1990年以降に発表された「保育者の専門的成長」，「保育者の精神健康」，「初期キャリアの保育者」，「保育者養成課程の学生の実習」の4つの領域の先行研究をレビューし，知見を整理した。

各領域の知見をまとめると，保育者の専門的成長に関する研究においては，力量形成という観点が優勢であり，経験年数とともに保育者としての力量が形成されていく様子が分析されてきた。一方で，保育者の危機は，精神健康を悪化させる要因として捉えられ，いかにして良好な精神健康の状態を維持していくかという問題関心に基づいて検討がなされてきた。

第1章で述べたように，初期キャリアの保育者の専門的成長の検討にあたっては，彼らの危機と専門的成長を結び付けたプロセスを実証的に解明することが研究の視点としてきわめて重要である。しかしながら，関連する各領域の諸研究では，保育者の専門的成長と危機は別個の課題として扱われ，その2つを関連付けた分析は行われてこなかった。先行研究では，保育者の危機は精神健康の問題として捉えられ，日々の保育の営みの文脈から切り離されて検討されてきたのである。また，同僚の存在が重要であるとの指摘はあるものの，さまざまな困難や葛藤を抱える初期キャリアの保育者にとって，同僚の存在が日々の保育実践に及ぼす影響については明らかにされていない。この点は，初期キャリアの保育者の危機と，それを契機として専門的成長を遂げていくプロセスの詳細を描くうえ

で重要な検討課題である。

　なお，学生の実習に関する先行研究では，実習の教育効果の解明に関心が閉じ
ており，その経験がその後，職に就いた時にどのような影響をもつものなのかと
いうところまで見通した研究はみられなかった。しかしながら，実習は，保育者
になる前に実習生として保育現場を経験する機会であり，そこでの経験と就職
後の保育者の経験との両者を明らかにすることで，初期キャリアの保育者の危
機や専門的成長の特徴をより鮮明に浮かびあがらせることができるだろう。

　さらに，初期キャリアの保育者の専門的成長を検討するうえで留意すべき点
については，以下の示唆が得られる。まず，経験年数を指標として比較検討する
研究では，経験年数の短い保育者を，年数の長い保育者との対比において未熟な
存在として位置づけるため，年数の短い保育者の専門的成長の軌跡を解明する
ことは難しい。一方，経験年数の長い保育者を対象として，職に就いた頃から現
在に至るまでの振り返りの語りを分析した研究では，長いスパンで保育者の経
験を検討することはできるが，「保育のいとなみにおける子どもとのかかわりな
ど，日常的な出来事に関する経験」(香曽我部 2013, p.129) を捉えることができな
い。これに対して，日常的な出来事に関する経験を明らかにするために，保育日
誌に記録されている記述を分析した研究がみられる。しかし，園内で共有される
記録の場合，「気に留めていても，心理的に園の日誌という公的な記録には書き
にくい，書きたくない」(秋田他 1998, p.66) という心理的抑制が働き，記述内容
が制限されるおそれがある。この点を考慮すると，保育者に対してインタビュー
を行う場合も，対象者の職場での実施は，思っていることをそのままに語ること
を難しくすると考えられる。

　以上をふまえると，本書において，初期キャリアの保育者が，日々の保育の中
で経験する危機を契機としてどのように専門的成長を遂げていくのかを明らか
にするためには，彼らが日常的な出来事の中で感じている困難や葛藤を描き出す
ことが求められる。そしてそのためには，できるだけ短いスパンで保育者 (学生)
の振り返りの語りを捉え，調査においては，対象者が職場 (実習先) を気にせずに
思っていることを語ることができるように，保育者 (学生) の職場 (実習先) とは関

係のない場所で，職場（実習先）とは関係をもたない者が実施することが望ましいといえる。

　次章では，以上の先行研究のレビューをふまえて，本研究の基本的な理論枠組みについて検討する。

第3章

初期キャリアの保育者の専門的成長を
捉えるための理論枠組み

1. 熟達化論に対する批判

　保育者の専門的成長に関する先行研究の主たる関心は，経験年数に応じた力量形成の解明にあった。すなわち，先行研究において保育者は，経験年数が長いほど力量が向上し，専門的成長を遂げるものと捉えられてきた。このことを別の言葉で言い換えれば，保育者の専門的成長は「熟達化」という枠組みによって描かれてきたといえる。高濱（2000）は，「経験にともなって，保育者は問題解決に熟達していく」（p.201）と指摘し，経験年数が長いほど豊富な構造化された知識をもつようになることを明らかにした。ここに端的に示されているように，熟達化の枠組みでは経験の長さが専門的成長を規定するものと考えられている。

　しかし，この熟達化の枠組みによって初期キャリアの保育者の専門的成長を読み解こうとすると，経験年数の長さが熟達化の指標となるため，経験年数の短い初期キャリアの保育者は未熟者とみなされる。つまり，熟達化の枠組みでは，初期キャリアの保育者が，日々の実践の積み重ねの中で，彼らなりに専門的成長を遂げていくことをうまく捉えることができない。したがって，初期キャリアの保育者の専門的成長を検討するためには，彼らがいかに未熟であるかを強調するような熟達化の枠組みではなく，初期キャリアの保育者が専門的成長を遂げていく姿を描くための新たな視点が必要なのである。

2．危機に直面した保育者の専門的成長

　この新たな視点とは，第1章で指摘したように，保育という営みに内在する危機や，危機に直面した際に経験される困難や葛藤への着目である。保育者の専門的成長を検討するうえでは，この視点を欠かすことができない。とりわけ，初期キャリアの保育者は，困難や葛藤を抱えやすい。

　大場（2007）は，保育者が「悩みやジレンマを抱えて現場にいるという在りよう」（p.123）が，保育者の「専門性の証左」だと指摘した。大場はこうした保育者の在りようについて，次のように論じている。

　　日頃は，揺るぎのない実践を展開しているのであって，元気にこどもたちの
　生活を支え，育ちを支えている保育者である。そのような保育者も悩みを抱え
　ていることがある。託されることの責任の重さだけ，悩む。揺らぐことは，実
　践者の避けることのできない立場の在りようを示しているといえるだろう。揺
　るぎのない取り組みを決意するからこそ，その実践にかかわる現場の当事者
　として，少なからず揺らぐのである。揺るぎない決意と，気持ちの揺らぎは実
　践者の避けられないジレンマであると考えられる。揺らいではならないのでは
　なく，揺らぐことを実践者の現実として，甘んじて受け容れるところから，実
　践を組み立てていくことが必要になる。　　　　　　　　　　（大場　2007, p.51）

　大場が述べているように，保育者は保育の現場において「揺らぐことを実践者の現実として，甘んじて受け容れるところから，実践を組み立てていくこと」が求められる。このような大場の考え方をふまえて，久富（2012）は「ゆらいだりジレンマを抱えたりする保育者のありようは，保育者としての未熟さや個人的な問題ではなく，むしろ保育者としての当たり前の姿として捉えることができる」（p.188）と指摘している。そして，そのうえで，「ジレンマを抱えたりゆらいだりしているからこそ，枠にはめたこども理解やマニュアル化した保育を行うことをしないで，一人ひとりのこどもや家族に即した保育を探求していこうとする姿勢

が生まれる」(同上，p.188) と述べた。

　これらの指摘は，保育現場において悩んだり，ジレンマを抱えながら実践に向かう姿にこそ，保育者の専門性が表れていることを示すものである。悩みやジレンマを抱えている保育者とは，すなわち本書でいうところの，困難や葛藤を抱えつつ実践に向かう保育者の姿である。したがって，このような保育者の姿を捉えて，保育者の専門的成長を明らかにすることが求められる。

3．探究的省察のプロセスとしての専門的成長

　保育者は，困難や葛藤を抱えて，どのようにして専門的成長を遂げていくのだろうか。先の久富の指摘によれば，保育者はジレンマを抱え揺らぐからこそ，一人ひとりに即した保育への探究が生まれる。つまり，保育者の抱える困難や葛藤は，彼らが保育する自らの姿を振り返り，一人ひとりの子どもに対する理解を深め，新たな実践を創出していく思考の営みを促す契機になると捉えることができる。こうした思考の営みと専門的成長の関係については，デューイ (Dewey 1910, 1933 = 1950) が提唱した「reflective thinking」や，ショーン (2007) の「reflective practitioner」の議論によって理論的に説明することができる。そこで以下では，それぞれの議論を概観する。

　なお，これまでデューイの「reflective thinking」やショーンの「reflective practitioner」の概念と，保育において実践の振り返りの意味で用いられてきた「省察」の概念の関係について，十分な議論は展開されてこなかった。したがって，「reflective」の訳語として「省察」を用いることは，保育における省察の概念にこれらの概念を安易に引き付けることとなり，それぞれの言葉の意味の異同があいまいになることが懸念される。このため，ここではあえて原語のまま表記し，本章の最後においてこれらの概念の関係について，筆者なりの考えを述べることとしたい。

(1) デューイの「reflective thinking」

デューイは, 著書『How we think (思考の方法)』(1933 = 1950) において, 思考 (thinking または thought) の一形態として「reflective thinking (反省的思惟)」を示した。reflective thinking とは, 直接知覚したことや, 気まぐれな物思いとは異なり, 「精神の内部に思考の問題を見だし, この問題を重視し, この問題を連続的に思考する」(デューイ 1950, p.4) ことを指す。他の一般的思考と識別される reflective thinking の特質は, とまどいや混乱をもたらす「未解決の事態」(同上, p.17) から逃げ出さずに, その事態と向き合って, それを解決するための方法を徹底的に探究する点にある。

デューイ (1950) によれば, この reflective thinking は, 「思惟の起源の場所としての疑惑と当惑と心的困難とを含む」(同上, p.13) という。すなわち, 「或る当惑 perplexity を解明しようとする要求」が, reflective thinking の「全過程を強化指導する要素」(同上, p.15) なのである。なぜなら, 未解決のままであったり疑念が生じることで判断が停止したり, 知的な探究がおろそかになるのが「共に不愉快」だからである。それをできる限り早く終わらせようとして反省的に思惟をめぐらすのだとデューイは次のように述べている。

> 人間が反省的に思考 (reflective thinking) し得るのは未解決の事態を忍んで探索的努力を重ねる時にかぎられる。多くの人々にとっては判断の停頓も知的探究の低回も共に不愉快である。その停頓や低回の状態をできるかぎり早く終わらせたいと人々は願ふ。人々は超実証的な独断的な精神的習性を培育し, おそらく疑惑といふ状態は精神の劣悪な証拠と見なされるであろうと感ずる。反省的思惟 (reflective thinking) と悪い思考とのあひだに区別が生ずるのは吟味と検証とが追究せられる点においてである。真に思慮ある態度を持するためには, 徹底的探究促進の端緒でもある疑惑状態を積極的に保存し遷延して, 是認的理由が見いだされるまでは, いづれの観念も許容せず, 或るひは, いかなる信念についても肯定的な主張をしないことである。
>
> (デューイ 1950, p.17, 括弧内は筆者が原文より引用加筆)

reflective thinking においては，「未解決の事態」を忍んで「徹底的探究促進の端緒でもある疑惑状態を積極的に保存し遷延」することが肝要であり，reflective thinking とは，それを契機として「吟味と検証とが追究せられる」一連の思考のプロセスである。こうしたデューイの説明をふまえると，すぐに解決できない事態に直面してもたらされる困難や葛藤は，reflective thinking を促進する契機としての意味を有しているといえる。

(2) ショーンの「reflective practitioner」

次に，ショーン（2007）の reflective practitioner の概念について説明する。ショーンは，デューイの reflective thinking の議論を下敷きにして，不確実で不安定な実践状況に身を置く実践者が，「reflection（省察）」を通じて状況に応じた実践を創出していることに専門性を見出し，「reflective practitioner（省察的実践者）」という新たな専門家像を提示した。

reflective practitioner という専門家像は，近代主義の専門家像である「technical expert（技術的専門家）」に対置して提案されたものである。ショーンの議論の基軸は「既存の知の『適用』から状況と実践の中での知の生成・『探究』への転換」（ショーン 2007，p.398）である。既存の知の適用，すなわち専門的な知識や技術を実践の場に適用することに熟達していくのが technical expert と呼ばれる旧来の専門家像であった。これに対して，現代の専門家は，既存の知が通用しない複雑に入り組んだ問題状況に身を置きながら，その中で「実践を通して問いを開き，探究・研究を進めていく」（同上，p.398）という思考の様式が求められている。ショーンはこうした専門家の思考様式を reflection と呼び，reflection によって問題の改善に取り組む現代の専門家のことを「reflective practitioner」と名付けた。すなわち，ショーンが提示した reflective practitioner という専門家像において，専門家は「reflection」によって自らの専門性を高め，専門的成長を遂げていくことが示されたのである。

（3）保育者の探究的省察のプロセス

　以上のデューイやショーンの議論に依拠すると，保育者の専門的成長とは，不断に行われる保育者の reflective thinking のプロセスとして捉えることができる。保育者の reflective thinking とは，保育する中で，すぐには解決の仕方がわからない危機に直面して困難や葛藤を抱えるが，それらが自らの保育実践を吟味，検証していく契機となり，自分なりにその状況や状態に応じて新しい実践を生み出していくことである。

　本書では，こうした reflective thinking のプロセスに注目して，初期キャリアの保育者の専門的成長を解明する。このプロセスにおいては，「吟味と検証とが追究せられる」（デューイ 1950, p.17）という意味で，いわば探究的な省察過程が生起している。そこで，本書ではデューイが用いた reflective thinking という概念を「探究的省察」と訳して用いる。

（4）保育における「省察」との関係

　最後に，本書が提起する探究的省察と，保育の領域で用いられている省察の概念との関係についてふれておきたい。保育の領域では，保育する自らの姿を振り返る営みを「省察」と名付けてきた。津守（2002）は，保育における省察について次のように論じている。

　　子どもたちが眼前から去ったあと，保育者は，さし迫った現実の要求からひととき解放され，子どもと応答していたときの体感や物質のイメージなどを思い起こす。ひとりになって実践の跡を振り返るときに，保育者は自分が巻き込まれて応答していた最中の意味をより深く考えることができる。また，保育の後に同僚と話し合うとき，同じ子どもの異なった側面をも知ることができ，子どもの全体像が見えてくる。学校の内外での研修は省察を助ける。その時間がもてなくなったら保育の質が低下する。　　　　　　　　　（津守 2002, p.39）

　この中で津守が述べているように，保育において省察とは実践の後に，子ども

に対する自身の応答の意味を深く考えることだとされている。また，吉村他 (2012) は，保育者の省察とは「その保育者の身の内に生成されている保育実践についての文脈的思考」(p.67) であると説明し，「保育者自身が過去の保育場面に立ち返り，その時間に身を置き直すことから始まり，保育者が身の内から滲み出ることばで保育の文脈を表現することが重要」(p.72) だと指摘している。

　以上の指摘によれば，省察とは，保育者が自らの保育実践を事後に振り返ることによって，次の実践につなげていく営みを指す。もちろん，本書で用いる探究的省察 (reflective thinking) も，実践を振り返り，それを次の実践につなげるという意味では，保育学におけるこれまでの省察に関する研究と関心を共有している。ただし，本書では保育者の抱える困難や葛藤によって促される点に注目している。なぜなら，これまで述べてきたように，初期キャリアの保育者の専門的成長を検討するにあたっては，彼らが危機に直面し，困難や葛藤を抱えやすい時期であることをふまえることがとくに重要だからである。そのため，本書では省察ではなく，探究的省察の概念を用いる。探究的省察はあくまで省察の営みであるが，それが保育者の抱える困難や葛藤を契機として生じる点に注目するものである。

第4章

研究の目的と方法論

1. 本研究の目的

　本研究の目的は，就職後1年目から3年目までの初期キャリアの保育者の危機に着目し，彼らがその中で抱える困難や葛藤を契機とした探究的省察によって専門的成長を遂げていくプロセスを明らかにすることである。なお，本研究では，初期キャリアの保育者とともに，保育者になる前の保育者養成課程の学生も対象とする。

　この課題において，初期キャリアの保育者が直面する危機に着目するのは，それが専門的成長の契機となり得る可能性を秘めているからである。そこで本研究では，保育者が直面する危機と専門的成長を結び付けて，そのプロセスを実証的に解明する。危機に直面しやすい初期キャリアの保育者が抱える困難や葛藤を，専門的成長の契機として捉えることは，彼らが経験する困難や葛藤に対して新たな意味を付与するものとなる。

2. 4つの実証研究

　本研究では，以下の4つの研究を通じて，保育者養成課程における学生の実習の経験と，就職後3年目までの初期キャリアの保育者の危機と探究的省察を総合的に解明し，彼らの専門的成長について検討する。

　なお，本研究を進めるにあたり，当初は幼稚園教員および保育所保育士の両者

を対象として調査を行った。しかし，調査を通じて，幼稚園教員と保育所保育士では担当クラスの子どもの年齢，クラスでのポジション，保育時間など職務の状況が大きく異なることが明らかになった。このため，本研究における調査データの分析においては，主たる対象を幼稚園教員に絞ることにする。

研究1：幼稚園実習における学生のリアリティ・ショック

研究1では，4年制大学の保育者養成課程で幼稚園実習を行った4年生9名を対象に，個別にインタビュー調査を実施し，実習において彼らがリアリティ・ショックを受けた内容と，その経験をする中で保育の仕事や実習に対してどのような認識を形成したのかについて検討する。

研究2：新任保育者のリアリティ・ショック

研究2では，新任保育者が，就職後1学期の間にどのようなことにリアリティ・ショックを受けたのか，そしてその渦中において彼らはどのような認識を形成して仕事を続けているのかについて，6名の新任保育者を対象として就職直後の4月末から複数回にわたって実施したインタビュー調査に基づいて検討する。

研究3：新任保育者の探究的省察のプロセス

研究3では，新任保育者が，リアリティ・ショックを契機とした探究的省察によって，1年の間にどのように専門的成長を遂げていくのかについて，研究2の対象者のうち3名の1年にわたるインタビュー調査に基づき検討する。

研究4：2年目，3年目の保育者の困難や葛藤と探究的省察

研究4では，研究3と同じ3名の保育者に対して2年目，3年目にもインタビュー調査を行い，1年目にリアリティ・ショックを経験した彼らが，その後2年目・3年目にどのような困難や葛藤を抱えることになったのか，それらを契機としてどのような探究的省察のプロセスを経て専門的成長を遂げていったのかについて検討する。

第4章　研究の目的と方法論　　33

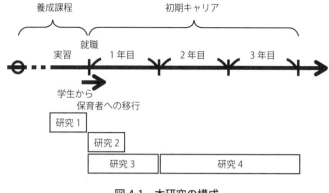

図 4-1　本研究の構成

　以上の研究1から研究4までの全体の構成を図4-1に示す。研究1から研究4までは時系列に並んでおり，このうち，研究2，研究3，研究4は調査対象者が重なっている。研究1の調査対象者は，研究2，研究3，研究4の調査対象者が卒業した保育者養成校に在学する学生である。

　また，研究2および研究3は，ともに1年目の新任保育者を対象としている。研究2では，職に就いた直後のリアリティ・ショックの内容と，その渦中における彼らの仕事に対する認識について分析する。研究3の検討課題は，研究2の調査時期も含めて，新任保育者の1年を通じた探究的省察のプロセスの解明である。研究4では，研究3と同一保育者の2年目，3年目の困難や葛藤と探究的省察のプロセスを明らかにする。

3．調査方法 ── インタビュー調査

　以上の4つの調査研究に取り組むために，保育者や学生一人ひとりに複数回のインタビュー調査を行った。本研究は，保育者や学生が日常の出来事の中で感じる困難や葛藤の経験を分析するものであるため，本人からその時々に感じていることをていねいに聞き取ることが最も有効な方法だと考えられるからである。

困難や葛藤はそれぞれの保育者や学生の内面にある思いであるため，保育実践を直接観察しても捉えることは難しい。また，そうした思いを質問紙調査によって聞くこともできるが，それぞれの回答の理由や背景を把握することはできず，困難や葛藤とともにやる気や楽しさといった気持ちがさまざまに交錯する内面を捉えることもできない。保育記録や実習記録から困難や葛藤の経験を読み取るという方法も考えられるが，こうした記録は園内で管理職に見せたり，実習では指導保育者に見せたりするものであるため，抑制的に書かざるをえないという制約がかかる。そうとはいえ，それぞれの保育者や学生に自由に記述してもらう形式で調査を行うのは負担が大きく，当人の記述の力量にも左右されてしまう。これらの理由により，本研究では，保育者や学生に対するインタビューを調査方法として採用した。

　インタビューは，過去に起こった出来事なども含めて直接観察だけでは捉えにくいある特定のデータを，対象者との会話により得る質的研究法のひとつであるとされている（メリアム　2004）。インタビュー調査の目的については，質的研究法の代表的テキストであるPatton（1990）において，次のように記されている。

　　インタビューの目的とは，他者の心の中にあるものや，他者の心について知ることにある。自由回答式のインタビューのねらいは，誰かの心の中になにかを注入する（たとえば，この世の成り立ちについてインタビュアーがあらかじめ定めたカテゴリーに回答を押し込むような）ものではなく，インタビューする相手のものの見方・捉え方に近づこうとするものである。我々は，こうした直接観察できないものを見出すために対象者にインタビューをするのである。

　　　　　　　　　　　　　　　　　　　（Patton　1990，p.278，引用者訳）

　インタビューの形式については，個々の対象者のものの見方や考え方，その背景など対象者が話す内容を大切にするため，あらかじめ質問項目や順番が決められている構造化されたインタビューではなく，「構造化された質問とゆるやかに構造化された質問とをミックスした」（メリアム　2004，p.108）半構造化インタ

ビューを行うこととした。インタビュー調査の実施にあたっては，事前にインタビューで質問する項目などを記したインタビュー・ガイドを作成した。調査実施時はインタビュー・ガイドに基づき，質問内容や順序を対象者の話に合わせて柔軟に変えながら，インタビューを進めた。

なお，長いスパンでの振り返りは，その時点で経験が再構成されて語られる（桜井 1995）。この点を克服するために，本研究では，できるだけ短いスパンでの継続的なインタビューを実施するよう工夫した。1年目の新任保育者については，就職直後のリアリティ・ショックを把握するとともに，その時点その時点での保育者の認識を捉えるため，1年間を通じて，1ヵ月に1回程度という短いスパンで継続的にインタビューを行った。2年目，3年目は，学期ごとないし半年に1回程度の割合で実施した。また，学生については，幼稚園実習を終えてから3ヵ月以内にインタビューを行った。ただし，各保育者の都合を尊重したため，インタビューのスパンや回数にはばらつきがある。

4．分析方法

研究1および研究2では，調査対象となった学生や新任保育者が，それぞれ集団としてどのような特徴を有しているのかを明らかにすることを目的としている。そこで，この2つの研究では，分析方法としてグラウンデッド・セオリー・アプローチを採用する。この手法は，対象となる集団から抽出されたサンプル間の絶えざる比較に基づいて，その集団の特性についての仮説を生成することを目指すものである。

これに対して，研究3と研究4では，個々の保育者の探究的省察のプロセスを検討することが目的であり，一人ひとりの保育者の経験の意味づけを捉え，描き出すことが求められる。これに最も適した手法として選択したのが，ナラティブ・アプローチである。以下では，それぞれの分析方法について説明する。

(1) グラウンデッド・セオリー・アプローチ

　グラウンデッド・セオリー・アプローチ (grounded theory approach) は，グレイザー＆ストラウス (1996) が提唱した質的研究法である。この方法は，対象群の個々人のものの見方や捉え方を素材としつつ，データの比較を繰り返すことで，そこに共通してみられる集団全体の特徴を描き出すのにすぐれた手法である。収集したデータについて，個々のデータに密着 (grounded on data) しつつ，ていねいに解釈を積み上げていくことによって実証的分析から理論生成を目指す研究方法とされている。

　なお，具体的な手続きについては，以上のグラウンデッド・セオリー・アプローチの考え方を基本としながら，データから直接概念を生成する分析技法を用いることを特徴とする，木下 (2003, 2007) の修正版グラウンデッド・セオリー・アプローチを採用する。

(2) ナラティブ・アプローチ

　それぞれの時点での経験の意味づけを当事者一人ひとりの視点から描き出す手法として開発されたのが，ナラティブ・アプローチである。ナラティブとは，「出来事や経験の具体性や個別性を重要な契機としてそれらを順序立てることで成り立つ言明の一形式」(野口 2005, p.6) であり，「我々の生きる現実を組織化するための一つの重要な形式である」(同上，p.6)。ナラティブ・アプローチは，ナラティブの形式で語られた言明 (語り) が，個人の「世界を表現し，同時にそれを形作っていく」(同上，p.192) という考え方に基づいている。

　本研究では，さまざまなナラティブ・アプローチのうち Holistic-Content Perspective (Lieblich 1998) の手法を採用した。これはナラティブの内容に着目し，「なぜそのことが語られたのか」，「その内容は語り手にとってどのような意味を持つのか」ということにデータ分析の関心をおき，特徴的なナラティブを「テーマ (theme)」として括り，個々のテーマからナラティブ全体のテーマを導き出す手法である。テーマとは，ナラティブの中で何度もみられる内容や，とくに詳しく説明されている内容に着目し，その内容や語られた意図を端的に示す言葉で

表したものを指す。

5．倫理的配慮

　日本保育学会倫理綱領第2条「会員は，研究・教育・実践活動等に際しては，情報提供者もしくは研究協力者に対して，あらかじめ研究目的，研究内容等を十分に説明し，同意・了解を得た上で行うことを基本原則とする」に基づき，インタビュー調査の実施前に，調査の協力者に対して口頭および文書により研究目的，研究内容等を説明し，調査協力依頼を行った。調査を実施する際にも，再度説明した。

　なお，本研究におけるインタビュー調査は，困難や葛藤を抱えやすい初期キャリアの保育者を対象としているため配慮を要する。そこで調査は，あくまで対象者の都合に合わせて行うこと，また，途中で辞退しても構わないことを説明したうえで実施した。調査の実施にあたっては，インタビュー開始時まで対象者と面識がなく，どの職場にも属さない調査者（筆者）が，職場とは関係をもたないことを説明したうえで，職場とは別の場所でインタビューを行うこととした。養成課程の学生についても，調査者と学生は指導関係にはなく，語りの内容が制限される可能性は低い。

　インタビューの場所については，対象者が緊張せずに，かつインタビューに集中して周囲に気兼ねなく話ができる場所を設定するため，調査者が所属する大学で比較的静かな場所にある教室等を選んだ。上述したように，調査者と調査対象者は，調査前には面識がなく，調査開始時に初めて対面する。このことを考慮し，対象者の緊張を和らげるために，インタビューの前後に調査と直接関係のない話をする時間をもつことを大切にした。さらにインタビューの際には，対象者が安心して語れるように，共感的に聴くことに努めた。

　インタビューの内容はICレコーダーによって音声記録すること，音声データは文字データに変換して使用すること，データを使用して論文を作成し，公表することについて許可を得たうえで調査を行い，調査実施後はインタビュー内容を

音声記録から文字データに変換した。その際，調査対象者の氏名等はあらかじめ割り当てておいた整理番号およびアルファベットで記載し，調査協力者が特定できないようにした。データのファイル名等も同様に取り扱った。個人が特定されるような内容については，調査対象者と相談のうえ，適宜，名称を変更するなどの修正を加えた。分析結果の記述内容は対象者にあらかじめ了承を得ることにより，個人情報の保護および意思の尊重に努めた。

第5章

幼稚園実習における
学生のリアリティ・ショック
（研究1）

1. 学生にとっての実習の経験

　研究1では，インタビュー調査により，実習において学生がリアリティ・ショックを受けた内容と，その経験をする中で彼らが形成した認識について検討する。保育者養成課程における実習の重要性は，これまでも繰り返し指摘されてきたが，先行研究の多くは実習前後に質問紙調査を実施し，その結果から学生の意識の変容を明らかにしようとするものであった。しかし，そうした研究では，実習における学生の経験の中身に迫ることができない。そこで研究1では，その中身を検討する手がかりとして彼らが実習で受けるリアリティ・ショックに注目する。

　学生の実習は期間が限られており，保育者と実習生では保育現場での立場や役割が異なるため，学生が実習で受けるリアリティ・ショックは，1年目の新任保育者が経験するリアリティ・ショックと同じものとして扱うことはできない。しかしながら，実習という模擬的に保育現場を経験する機会であっても，その段階で学生が保育という仕事の現実に対して受けるリアリティ・ショックの内容を分析することによって，学生の経験の中身を浮かび上がらせることができる。さらに，保育者になってから受けるリアリティ・ショックとの違いを検討することによって，保育者が経験する困難の様相をより明確に描き出すことができる。

　また，学生の中には実習を経験することによって，自分の進路を考え直すようになる者もいることをふまえると，実習で学生が受けるリアリティ・ショックの

40

内容だけでなく，その経験の中で彼らが保育の仕事や子どもに対して，あるいは実習について，どのような認識を形成するのかを分析することも，重要な課題である。

2．X大学学生の実習に対する意識に関する質問紙調査

　研究1の調査対象は，首都圏にある女子大学のX大学Y専攻において，幼稚園教諭一種免許状および保育士資格を取得予定の2008年度4年生である。なお，インタビュー調査に先立って，対象者とともに同じ専攻の他の4年生も含めて，実習後に質問紙調査を実施した。この調査により，対象者が所属する学生集団全体の保育職に対する志望の高さ，実習に取り組む姿勢などについて全体的な傾向を押さえておきたい。

（1）X大学の幼稚園実習について

　質問紙調査の結果を報告する前に，X大学の実習の概要について説明する。X大学は4年制の保育者養成校で，Y専攻では幼稚園教諭一種免許状および保育士資格を取得することができる。調査時点において，この専攻では毎年，ほぼ全員の学生が幼稚園教諭一種免許状および保育士資格の両方を取得しており，卒業生の約半数または半数以上が幼稚園あるいは保育所へ就職していた。

　X大学Y専攻の幼稚園実習は，保育観察を主とした1週間の実習と，そのあとに実施される3週間の実習に分けて行われている。原則として，1週間の幼稚園実習は2年次に，3週間の幼稚園実習は4年次に実施される。実習を行う幼稚園は，X大学が実習協力園として依頼している私立幼稚園の中から，学生が希望する園を選ぶという方法をとっており，2年次と4年次の実習は同じ幼稚園で行うことが原則とされている。なお，3年次には保育所等で保育実習が行われている。

（2）調査の概要

　質問紙調査の対象者は，Y専攻の2008年度4年生60名で全員女性である。調

査は，2008年5月に行われた3週間の幼稚園実習の後の6月に実施した。調査票
は幼稚園実習に関する事後指導の授業中に配布し，有効回答数は55であった。
なお，インタビュー調査の参考資料とするため，調査は記名式で実施した。

(3) 調査結果
①保育者志望について

　X大学Y専攻の学生の保育者志望の意志は明確で，保育職に就職することを
考えている学生が多かった。保育者を目指そうと思った時期については，「大学
入学前」という回答が回答者全体の96.4％に上った（表5-1）。保育者を目指すよ
うになったきっかけとしては，98.2％が「自分から目指すようになった」と回答
している（表5-2）。今回調査を行った学生の多くが，大学入学前に自分から保育
者を目指すようになり，保育者養成課程のあるX大学を選んで入学したと思わ
れる。

　また，「保育者として就職することを考えていますか」と尋ねたところ，全体
の63.6％が「なりたい」と回答した（表5-3）。さらに，保育者に「なりたい」と
回答した学生に対して，「保育の仕事はやりがいのある仕事だと思いますか」と

表 5-1　保育者を目指そうと思った時期

(%)

大学入学前	96.4
大学入学後	3.6
目指そうと思ったことはない	0.0
合　計	100.0 (n=55)

表 5-2　保育者を目指すようになったきっかけ

(%)

自分から目指すようになった	98.2
人からすすめられて目指すようになった	1.8
その他	0.0
合　計	100.0 (n=55)

表 5-3　保育者志望
（現在，保育者として就職することを考えていますか。）　(%)

なりたい	63.6
迷っている	14.5
なることは考えていない	21.8
合　計	100.0 (n=55)

表 5-4　保育職に対する評価（保育者志望者のみ回答）
（あなたにとって保育の仕事はやりがいのある仕事だと思いますか。）

(%)

とてもそう思う	100.0
まあそう思う	0.0
あまりそう思わない	0.0
まったくそう思わない	0.0
合　計	100.0 (n=35)

尋ねたところでは，「とてもそう思う」という回答が100％であった（表5-4）。

②実習に対する意識について

　実習中の担当クラスは，年長が担当クラスだった者が67.3％であり，全体の3分の2を占めた（表5-5）。また，「今回の実習に積極的に取り組みましたか」という質問には，「とても積極的に取り組んだ」という回答が61.8％に達した（表5-6）。「まあ積極的に取り組んだ」という回答と合わせると，96.3％となり，ほとんどの学生が実習に積極的に取り組んでいたことがわかる。

　最後に，実習を経験したことによる成長の意識に関する質問の結果をみておきたい。幼稚園実習を経験したことによる成長を問う質問に対して，「とてもそう思う」と回答した学生は67.3％，「まあそう思う」と回答した学生は32.7％で，合計すると100％に達した。すべての学生が成長を実感しており，なおかつ「とてもそう思う」という回答が「まあそう思う」という回答を大きく上回った（表5-7）。

　以上の質問紙調査の結果から，X大学Y専攻の学生は，保育職への志望度が

表 5-5　実習中の担当クラス
（あなたが今回の実習で一番長い時間担当したのはどのクラスですか。）

(%)

年　少	5.5
年　中	16.4
年　長	67.3
縦割り	1.8
担当クラスそのものがなかった	3.6
その他	5.5
合　計	100.0 (n=55)

＜その他＞・年中と年長に5日ずつ入った。(2名)
　　　　　・年少，年中，年長にそれぞれ1週間ずつ入った。(1名)

表 5-6　実習に対する取り組み
（あなたは今回の実習に積極的に取り組みましたか。）

(%)

とても積極的に取り組んだ	61.8
まあ積極的に取り組んだ	34.5
あまり積極的に取り組んだとはいえない	3.6
まったく積極的に取り組んだとはいえない	0.0
合　計	100.0 (n=55)

表 5-7　実習を経験したことによる成長の意識
（あなたは今回の幼稚園教育実習を経験して，成長したと思いますか。）

(%)

とてもそう思う	67.3
まあそう思う	32.7
あまりそう思わない	0.0
まったくそう思わない	0.0
合　計	100.0 (n=55)

高く，実習に対して積極的に取り組み，実習を通じて成長したという実感を得ている ことがわかる。それでは，そのような実感を得ることのできた彼らは，一体 実習においてどのような経験をしたのだろうか。次節以降では，学生に対するイ

ンタビュー調査の概要および分析結果について見ていく。

3．インタビュー調査の手続きと分析方法

(1) 調査対象者

　インタビュー調査の対象者は，上記の質問紙調査の対象となった4年生のうちの9名（全員女性）である。彼らも，4年次の5月に3週間の幼稚園実習を行った。上述の質問紙調査（記名式）における進路志望に関する項目の回答結果を参考にしながら調査を依頼する学生を選び，学生の所属学科を通じて依頼した。調査実施時における対象者の卒業後の進路については，7名が保育職への就職を志望しており（対象者：Gさん，Hさん，Iさん，Jさん，Kさん，Lさん，Mさん），2名は企業への就職が内定（Nさん，Oさん）していた。

(2) 調査方法および時期

　調査時期は，幼稚園実習後の2008年7月から8月である。すでに述べたように，調査対象となった学生は2年次に1週間の幼稚園実習を経験しているが，2年次の幼稚園実習は保育観察を主としたもので期間も短い。この時の実習について調査対象者に尋ねたところでは，「あっという間でした」という感想や，「慣れてきたと思ったら，すぐに終わっちゃった」という感想が聞かれた。これに対して，4年次に彼らが幼稚園で経験する3週間の実習には責任実習もあり，幼稚園という現場で幼稚園教員としての職務を試行的に体験するきわめて貴重な機会となる。なお，3年次に保育所等での実習もすでに経験している。しかし，同じく保育の現場とはいえ，幼稚園と保育所では職務が異なるため，実習で経験される内容には違いがある。

　インタビュー調査は，調査者（筆者）と対象者の1対1で，それぞれ1時間を目安に，半構造化インタビューを実施した。各対象者のインタビュー調査実施日，インタビュー録音時間については，**表5-8**に示す。インタビューを行った時間は，延べ512分である。

第5章　幼稚園実習における学生のリアリティ・ショック（研究1）　　45

表 5-8　インタビュー調査実施日および録音時間

	調査対象者	調査実施日 （録音時間）
1	G さん	2008.7.28 （54 分）
2	H さん	2008.7.28 （54 分）
3	I さん	2008.8.2 （60 分）
4	J さん	2008.8.1 （54 分）
5	K さん	2008.8.22 （64 分）
6	L さん	2008.8.9 （75 分）
7	M さん	2008.8.14 （51 分）
8	N さん	2008.8.2 （41 分）
9	O さん	2008.8.7 （54 分）

　インタビューでは，実習において学生がどのようなことにリアリティ・ショックを受けたのか，その経験の中でどのようなことを感じ考えたのかを把握するため，自分が考えていたことと異なる現実にふれて，困難や葛藤を経験した場面を中心に，対象者の話の流れに合わせて柔軟に質問の仕方を変えながら，詳しく話してもらえるように努めた。

（3）分析方法

　以上の手続きで収集したデータは，修正版グラウンデッド・セオリー・アプローチにより分析した。具体的な分析の手続きは，次の通りである。

① 　あらかじめ調査対象者に同意を得たうえでインタビュー内容を録音し，インタビュー実施後，インタビューの音声記録をテキストデータに変換した。

② こうして作成されたデータのうち，最初に1名のインタビュー記録について，本研究の目的に基づき，リアリティ・ショックに関する語りと，その経験の中で形成した認識に関する語りに着目した。それぞれの箇所の語りの意味を考え，それを適切に表現する言葉を検討して概念を生成し，概念ごとにワークシートを作成した。ワークシートには，概念名と具体例を書き込んだ。

　以下に，ひとつの概念の生成過程を例示する。まず，次の学生のエピソードに着目した。

　子どもがジャンプして遊んでいた時に"すごーい"ってほめたつもりが，（子どもが）"もっと高いところから飛べるよ"とか言って，"危ない！やめてー！"っていうことがあって。でもそれは，私が"すごい"って言ったから，その子は上に上がったんだって思うとちょっとショックで。まずいと思って。

（Hさん）

　このエピソードの内容を学生がリアリティ・ショックを受けた内容として「予測と異なる子どもの反応」という概念を生成した。そして，この概念の定義を，「自分の予測と異なる子どもの姿や反応に動揺すること」とした。

　なお，分析の過程で生じた疑問やアイデアについては理論的メモとして書き留めた。たとえば，ここで示した概念では，「その子のことをもっと分かっていれば他の言葉をかけたのかもしれない」，「自分が発する言葉が想像以上に子どもに大きな影響を与えることを，子どもの実際の反応を見て痛感している」などである。

③ 次に，他の対象者のインタビュー記録も読み進め，新たな概念を生成するとともに，すでに生成された概念に新たな具体例が見出されれば追記していった。概念の生成にあたっては，すでに生成した概念，生成途上の概念との類似例や対極例を探索し，関係を比較しながら進めていった。新たな概念が生成されなくなったところで，複数の類似の概念をまとめ，カテゴリーを生成した。

④ 生成されたカテゴリー相互の関係を検討し，いくつかのカテゴリーのまとま

りを括るコアカテゴリーを見出した。コアカテゴリーを構成するカテゴリーと概念の相互関係の結果を図に示した。さらに，この分析結果を調査対象者と同じＸ大学の４年生で，幼稚園実習を経験した３名の学生に提示し，各カテゴリーの内容等について妥当性を確認し，必要に応じて適宜修正した。

4．幼稚園実習における学生のリアリティ・ショックと認識の形成

（1）生成されたカテゴリーおよび概念

　幼稚園実習を行った学生へのインタビューデータを分析した結果，学生が受けたリアリティ・ショックと認識の形成に関して２つのコアカテゴリーと６つのカテゴリー，16の概念が生成された。生成されたカテゴリーおよび概念，各概念の定義と具体例のあった対象者は，**表5-9**の通りである。なお，本文中ではコアカテゴリー名を［　］内に示し，カテゴリー名を≪　≫，概念名は【　】，調査対象者の語りの引用は「　」または□□で囲んで示す。（　）内は筆者の補足である。

　コアカテゴリーとして，［子ども理解の発展］と［ショックからの回避］が生成された。このうち，［子ども理解の発展］とは，≪子ども理解が足りない≫ということにリアリティ・ショックを受ける中で，子どもの姿に応じて子どもとかかわるための保育者のあり方に関する認識の形成に至ることを表す。また，［ショックからの回避］とは，≪実習先の保育者との関係の困難さ≫に関するリアリティ・ショックを受けた学生が，実習における困難を限られた期間のものとして割り切るという認識を形成することで，ショックから逃れて実習を続けていくことである。

　なお，［ショックからの回避］にあてはまる事例は１事例のみであり，他はすべて［子ども理解の発展］に該当した。すなわち，［ショックからの回避］の事例は，Patton（1990）のいう例外事例（negative cases）である。Pattonによれば，例外事例とは，明らかにしようとする課題に潜む規則（rule）の存在やその規則の該当する範囲を浮き彫りにするものである。したがって，こうした例外的な事例にも光を当てることで，それ以外の事例の特徴をより明確に捉えることが可能とな

表 5-9　生成されたカテゴリーおよび概念，各概念の定義と具体例のあった対象者

コア カテゴリー	カテゴリー	概　念	概念の定義 （各概念の具体例のあった対象者）
子ども理解の発展	子ども理解が足りない	予測と異なる子どもの反応	自分の予測と異なる子どもの姿や反応に動揺すること　　　　　　　　　　（G, H, I, J, L, M, N, O）
		失敗したくないのにうまくいかない	実習で失敗したくないと思えば思うほど子どもの姿が見えなくなり，実際の活動がうまくいかずにとまどうこと　　　　　　　　（G, H, I, M, N, O）
		自分のやり方では現実場面に対応できない	自分が考えていたやり方が，実際の保育場面でうまくいかずにとまどい，パニックに陥ること　　　　　　　　　　　　　　　　（G, H, I, J, L）
	保育行為の主体は子どもである	子どもの思いを尊重する	自分の子どもに対する願いや思いに子どもを合わせようとするのではなく，まず子どもの思いを一番に大切にしていきたいと思うこと　　（G, J, L, M, N, O）
		子どもを理解したうえで指導する	目の前の子どもをよく理解してかかわることが重要だと認識すること　（G, H, I, J, L, M, N, O）
		子どもの姿に合わせて柔軟に対応する	あらかじめ立てた計画にとらわれずに，その時その時の子どもの姿に合わせて柔軟に対応することが大切だと思うこと（G, H, I, J, L, M, N, O）
	保育者の子どもへの援助にはさまざまな配慮がある	保育者が発する言葉の重み	保育者の発する言葉の一つひとつが子どもに大きな影響を与えるものだと認識すること（H, J, M）
		願いやねらいをもって子どもとかかわる	子どもの育ちを見通して，保育者自身が子どもに対する願いやねらいをもって子どもとかかわることが必要だと思うこと　（H, I, J, L, M, N, O）
		一人ひとりの思いを受けとめることが集団としての活動につながる	子どもを集団として動かそうとするのではなく，保育者が一人ひとりの子どもの思いを受け止めることが結果として集団としてのまとまりをもった活動につながっていくのだと認識すること　　　　　　　　　　　　　　（G, H, I, L, M）
		1日の活動の流れを考えながら活動の区切りをつける	その時の子どもの様子や，1日の活動の流れを考えながら，活動の区切りを決めていくことが大切だと思うこと　　　　　　　（H, J, M, N, O）
		身近なところだけではなく常に全体に気を配る	目の前の子どもへの対応だけでなく，常に全体の子どものことにも目を向けて，自分の動きを考えていくことが必要だと認識すること　（G, H, I, J, L, M, N, O）
	保育者という仕事の責任の重さ	子どもの大切な時間を預かる保育者の責任は重い	保育者という仕事は，子どもにとって一度きりの大切な時間を預かり，子どもの育ちに大きな影響を与える大変責任が重い役割を担っていると認識すること　　　　　　　　　　　（G, H, I, J, L, M, N, O）
ショックからの回避	実習先の保育者との関係の困難さ	実習先の保育者の指導の意図がわからない	実習先の保育者に自分の行為を否定されることが続き，なにがいけないのかがわからないためパニックに陥ること　　　　　　　　　　　　　　　　（K）
		実習先の保育者との間に厚い壁がある	実習先の保育者と話すことが困難な状況にとまどい，不安を感じること　　　　　　　　　　（K）
	回避としての割り切り	免許状取得のために実習はやり遂げたい	実習を続けることがつらい状態だが，教員免許状を取得するための実習だと割り切って実習をやり遂げようと思うこと　　　　　　　　　　（K）
		実習先だけが幼稚園ではない	実習先の幼稚園だけが幼稚園ではないと割り切ることによって実習を続けようと思うこと　（K）

第5章　幼稚園実習における学生のリアリティ・ショック（研究1）　49

る。そこで本研究では，［ショックからの回避］にあてはまる事例は1事例にすぎないものの，［子ども理解の発展］の分析と同様の手続きで分析を行い，その結果を示す。

以下では，コアカテゴリーごとに，実習において学生がリアリティ・ショックを受けた内容と，その経験をする中で形成された認識に該当する各カテゴリーおよび概念の内容について詳しく述べていく。

(2) 子ども理解の発展

コアカテゴリー［子ども理解の発展］における，分析の結果図を図5-1に示す。学生は，子どもと実際にかかわってみて，《子ども理解が足りない》という現実に直面し，リアリティ・ショックを受けていた。目の前の子どものために，このうまくいかない状況をなんとか改善しようとして，《保育行為の主体は子どもである》，《保育者の子どもへの援助にはさまざまな配慮がある》，《保育者という仕事の責任の重さ》という認識の形成に至ったのが［子ども理解の発展］である。

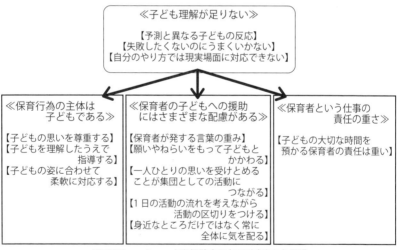

図 5-1　幼稚園実習におけるリアリティ・ショックと［子ども理解の発展］の結果図

①幼稚園実習で学生がリアリティ・ショックを受けた内容

子ども理解が足りない

　大学での授業とは異なり，実習において学生は子どもと直接かかわる機会をもつ。実習後のインタビューでは，実習で子どもとかかわったがうまくいかない場面に直面し，そのことによってとまどったり，ショックを受けたという学生の語りが多くみられた。《子ども理解が足りない》のカテゴリーは，実習先の子どもへの理解が不十分であったことによって学生が受けたリアリティ・ショックである。

　次の語りにみられるように学生は【予測と異なる子どもの反応】にリアリティ・ショックを受けていた。JさんもMさんも実際に子どもとかかわってみると，自分が抱いていたイメージと異なる子どもの姿や反応に直面し，大きく動揺した。

> 　子どもとのかかわりのなかで，まさかこんな答えが返ってくるとは思わなかったっていうことが結構あって。予想外の反応が返ってきて"えっ，どうしよう"ってとまどって，でもすぐに返さなきゃって思ってなにか返して。でもあとになって，あの時あれでよかったのかなぁって思って。　　　　　（Jさん）

> 　子どもたちの力を考えていたんですけど，実際にやってみたら子どもたちは（力の入れ具合が）わからなくて，すごい（マーカーが）染みて穴とか開いちゃってて。それを見て"あっ，しまった！"っていうふうに思って。それで動揺しました。　　　　　（Mさん）

　また，実習で失敗したくない，うまくやりたいと思えば思うほど，子どもに気持ちが向かわなくなる。これによって実習先の子どもにはそぐわない活動となり，【失敗したくないのにうまくいかない】状況に直面し，とまどっていた。Oさんは，責任実習を計画通りに進めていこうとすればするほど，子どもの姿が見えなくなり，あせっていた。

責任実習をやった時に，いろいろ準備して，イメージしていた通りに“やらなきゃ”“進めなきゃ”って思って，さらにあせって。やっぱりちゃんと子どもたちを見ていないと流れもめちゃめちゃになっちゃって，子ども自身も“私のは見てくれない”とか落ち込んじゃう子もいて，“どうしよう”ってなって。

（Oさん）

　このほか，自分なりの考えをもって子どもとかかわるものの，【自分のやり方では現実場面に対応できない】ことにリアリティ・ショックを受けている者もみられた。Lさんは，「伝えなきゃいけない」という自分の思いを優先させて，子どもの「応えてほしいっていう気持ちとかに応えられずに」進めたことによって，子どもから「つまらない」という反応が返ってきてとまどったと述べた。

　実際に自分が入って，子どもたちに“今からこういうことをするよ”っていうのを伝える時に，一人の子が“先生これは何なになの？”って言って。でもみんなに伝えなきゃいけないことがあってっていう頭があったので，その子の応えてほしいっていう気持ちとかに応えられずに進めていて。そうしたらその子が“つまんなーい！”って言い始めちゃったんで，その時に“えっ，どうしよう”って思った。

（Lさん）

②リアリティ・ショックを経験する中で形成された認識
保育行為の主体は子どもである

　≪保育行為の主体は子どもである≫は，保育行為の主体は自分ではなく子どもにあるという認識の形成に関するカテゴリーである。Gさんの語りでは，自分の決めた枠に子どもを合わせようとするのではなく，【子どもの思いを尊重する】ことによって保育行為が成り立つという認識の形成を読み取ることができる。同じことはJさんも指摘しており，自分にとってその活動がどうだったかではなく，子どもが楽しんで取り組めることを試行錯誤しながら考えていくことの大切さを語っている。

> 　自分のやりたいこととか得意なことじゃなくて，保育は子どもがまずいて，そこに保育者がいて成り立つっていうことがわかったから，子どもたちをまず見て活動は決めなきゃいけないとあらためて思いました。　　　　　（Gさん）

> 　完璧にこなさなきゃって思ってしまうんですけど，子どもとかかわっていて完璧ってないなってすごい思って。結局完璧って自分が思うだけで，子どもにとってそれが完璧だったかどうかっていうのは，また別の問題なんだなって。自分が完璧って思っても，子どもたちが楽しめていなければ，それは自分にとっての完璧なだけで，それは自分の自己満足で，子どもたちにとっては全然完璧じゃないって。だから本当に子どもがどうしたら楽しいのかなっていうのが試行錯誤なんだろうなぁと。今もそうだし，保育者になってからもそうなんだろうなって。　　　　　　　　　　　　　　　　　　　　　　　（Jさん）

　また，子どもの姿を捉える自らのまなざしを問い直し，【子どもを理解したうえで指導する】ことの重要性を認識していた。Iさんは「子どもをちゃんと理解したうえで指導していかないといけない」と思ったと次のように述べた。

> 　自分がチャレンジしたことを素直に返してくれるっていうのが新しい子どもの姿の発見というか。だったので，子どもをちゃんと理解したうえで指導していかないといけないんだなって思って。できてるつもりだったんですけど，実際できていないっていうことをそこで発見できたというか。　　　　（Iさん）

　計画や見通しにとらわれずに【子どもの姿に合わせて柔軟に対応する】ことの大切を認識し，Mさんは，計画通りに進まずに「パニック」になったが，「子どもたちに合わせて」その時の状況に応じた活動への変更を試みたと語った。

> 　時間がなくなっちゃって時間配分がすごいパニックになってしまったりとかして。その時が（紙飛行機を）作って遊ぶっていうテーマだったんですけど，遊ぶ時間がなくなっちゃうってなったから "どうしよう，このままじゃだめだ"

と思って，子どもたちに合わせて，もうひとつやろうと思っていた遊びをやめて，（製作した）紙飛行機で遊ぶ時間にしました。 （Mさん）

保育者の子どもへの援助にはさまざまな配慮がある

　≪保育者の子どもへの援助にはさまざまな配慮がある≫というカテゴリーにおいて，学生は保育者の子どもに対するさまざまな配慮を捉えていた。学生は，子どもにかける言葉の一つひとつが子どもに影響を与えるため，【保育者が発する言葉の重み】を認識するようになった。Hさんは，子どもにかける言葉ひとつで子どもに伝わることが変わるため，「なにげない言葉の大切さ」を感じていると述べた。

　　言葉ひとつでも全然違っちゃうじゃないですか。だから，なにか違う言葉をかけていたら，違ったのかなぁとか。なにげない言葉の大切さとか。大切だよなぁって思って。 （Hさん）

　また，Mさんは，子どもの予想外の言葉に動揺したが，その子どもにクラス担任の保育者がかけた一言が，子どもの気持ちを大きく変えたことにより，「言葉かけの仕方ひとつでこんなに違う」ということに気づかされたという。

　　（責任実習で製作をした時に）“描けない”って言う子に，そういう時はなんて声をかけてあげればいいんだろうって，すごい動揺しちゃって。… ある先生が“じゃあ，白でいいんじゃない？”って言ってくれて。そういう先生の臨機応変さ。私はなにか描かなきゃっていうふうに思っていたんですけど。でも先生は，描かないっていう，白い画用紙のままでもいいっていうふうに言って。それが飛行機の羽だったんですけど，“白い飛行機の羽も格好いいんじゃない？”って先生が言っていて。… その時の先生の言葉を聞いて，“あぁ，そうだよなぁ”っていうふうに思って。その描けていなかった子も白っていうことで納得して。… 言葉かけの仕方ひとつでこんなに違うんだなぁって。子どもにとっての同じ白い画用紙の意味が。 （Mさん）

一人ひとりの子どもに寄り添うというかかわりにおいては，子どもの育ちを見通して，【願いやねらいをもって子どもとかかわる】ことが必要だと考えるようになった。このことについて J さんは次のように述べている。

> 　　まだまだ自分はちゃんと子どもに寄り添えてないなぁって。先生になるんだったら，やっぱり長い目で見た時のこの子たちの先の姿とかを想像して，なにを願うかとかを考えた接し方をしないといけないんだって。　　　　（J さん）

　L さんは，子どもを集団として動かそうとするのではなく，保育者が【一人ひとりの思いを受けとめることが集団としての活動につながる】という思いに至ったと語った。

> 　　自分の動きを振り返ってみると，活動を集団として動かさなきゃいけないっていうふうに責任実習では思っていたので，そのことと一人ひとりの対応っていうのは同時にはできないんですけど，一人ひとりの思いを受けとめることが集団としての活動になっていくみたいなことを考え始めて。　　　　（L さん）

　保育における時間の捉え方について，J さんは保育者に助言を求め，【1 日の活動の流れを考えながら活動の区切りをつける】ということが大切であるという認識を形成していた。

> 　　自分は限界だったから，時間のことを先生に聞いてみたら，やっぱり時間っていうのは，大体の時間っていうのは決まっているけど，その時間がすべてじゃなくて，次の活動がいつ始まれば，例えば給食の時間とかがいつ終われば，次の活動があって降園までもっていけるかっていうのを考えれば，そこで切れるんだよっていうふうに教えていただいて。…その一言で，時間の失敗をどうすればいいのかっていうのは解決されて。　　　　（J さん）

　さらに，学生は，目の前の子どもへの対応だけでは保育は成立しないことに気

づき，【身近なところだけではなく常に全体に気を配る】ことが大切であると考えるようになった。Ｏさんは，「目の前のその子たちのことしか見えていない」という状況に対して，「安全管理の面もあるので，常にいろんなところに気を配っていないといけない」と述べた。

> 意識していたつもりだったけど，今まで自分のところに子どもが集まってきちゃうと，目の前のその子たちのことしか見えていないんですけど，実際によく見ると，自分の身近なところだけではなくて，安全管理の面もあるので，常にいろんなところに気を配っていないといけない。　　　　　（Ｏさん）

保育者という仕事の責任の重さ

　学生は実習で自分の未熟さを痛感し，実習先の保育者の仕事に対する姿勢を通して≪保育者という仕事の責任の重さ≫を認識するようになった。【子どもの大切な時間を預かる保育者の責任は重い】ということについてＩさんは，保育者が子どものそばにいる意味を問い直し，「子どもの大切な時間にかかわる保育の仕事ってすごい仕事だ」と思うようになった。また，Ｌさんは，保育者が「子どものために」さまざまな準備をしていることに気づき，そうした保育者の準備がなかったら「保育はできない」という思いに至った。

> 子どもにとっては大切な時期で時間なんだよなって思って。子どものそばにいる意味ってなんだろうってあらためて考えて。… 大切な時間にかかわってるんだよなっていうのが一番大きくあって。子どもの大切な時間にかかわる保育の仕事ってすごい仕事だよなって。だから，こわい面もある。　　（Ｉさん）

> 私は指導案一つ作るので大変で，それでも子どもたちが全然違う方向にいっちゃって大変なことになって。でも，先生は子どもがどんな方向にいってもいいように準備をしていて。先生としての仕事っていうのは，子どもが帰った後も本当にいろいろあって。2年生の時には，保育以外の仕事はこんなにあってつらいなって感じてたんですけど，でもその仕事が大変だけど，逆にそれが子

どものためなんだっていうのが 2 年生の時には気づけていなかった。大変だけどその仕事がなかったら保育はできないんだなって思いました。… 本当に子どものことを思って仕事をされているんだなぁって，そういうふうに思いました。

(L さん)

　以上が，［子ども理解の発展］において学生が受けたリアリティ・ショックと，その中で彼らが形成したさまざまな認識である。これらの認識を形成した学生は，実習を通して自身の成長を実感していた。O さんは，「自分がどうすればいいか，子どものためになにができるのか，ちゃんと考えて，乗り越えることができ」て自信がついたと振り返った。

　今回は得たものが多かったので，大変だったけど中途半端にすることなく，自分がどうすればいいか，子どものためになにができるのか，ちゃんと考えて，乗り越えることができたし。自信がちょっとついたっていうのもあります。ただそれは，実習なので直接的に生かすことはできないですけど，こうやって自分がちゃんとやったっていうことが一番大きかったですね。

(O さん)

　このように，［子ども理解の発展］において，学生は実際に子どもとかかわりながら子どものために自分がなにをすべきか，なにができるかを追究していた。実習で子どものことを考え続けることによって，「子どもがかわいい」，「子どもと一緒にいることが楽しい」と，子どもとかかわることに喜びを感じるようになっていった。J さんは，実習前は「すごい不安だった」が，実習で子どもとかかわり，家に帰ってからも子どものことを考えるという毎日を過ごし，「子どもたちが本当にかわいくて，ずっとここにいたい」と思ったと次のように語った。

　行く前とかはすごい不安だったんですけど，終わってみたらものすごい楽しくて。実習で子どもたちとずっと一緒にいて，この子たちとどうかかわろうかとか，帰ってからも日誌を書いて，明日は子どもとどうしようかとか，子ども

> の顔が浮かんできて。そういう毎日だったから，子どもたちが本当にかわいくて，ずっとここにいたいなって。会えくなるのがさみしいと思って，実習の最後の日に泣いちゃいけないと思っていたのに涙が止まらなくなってしまったんです。
>
> (Jさん)

(3) ショックからの回避

コアカテゴリー［ショックからの回避］における分析の結果図を**図5-2**に示す。ここに当てはまるのは1名，Kさんのみである。Kさんは≪実習先の保育者との関係の困難さ≫に直面し，リアリティ・ショックを受け，実習を続けていくことに大きな不安を抱えていた。こうした状況においてKさんは，この困難は実習期間だけのことだと≪回避としての割り切り≫の認識を形成することによって，実習を最後まで続けることができた。

①幼稚園実習で学生がリアリティ・ショックを受けた内容
実習先の保育者との関係の困難さ

Kさんがリアリティ・ショックを受けたのは，実習先の保育者との関係がうまくいかないことであった。ここではこれを≪実習先の保育者との関係の困難さ≫というカテゴリーとして命名する。Kさんは，それまでの実習では保育者との関係に困難を抱えることがなかったため，今回の実習でこのような状況に直面することになるとは思っていなかった。それだけにKさんは，≪実習先の保育者との関係の困難さ≫は予測しておらず，リアリティ・ショックを受けたのであった。

Kさんがリアリティ・ショックを受けたのは，実習先の保育者から「これじゃだめなのよ」と言われて「パニック」になったことにあった。Kさんは，その他の場面でも同じように言われていた。「だめ」とばかり言われるだけで，【実習先の保育者の指導の意図がわからない】ために，途方にくれていた。

> "どういうふうにすればいいんですか？"っていう質問をすればよかったと

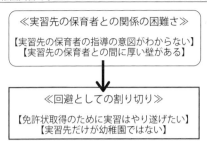

図 5-2 幼稚園実習におけるリアリティ・ショックと［ショックからの回避］の結果図

> 思うんですけど"これじゃだめなのよ"って言われた瞬間に，もうパニックなんですよ。私は。"じゃあ，どうすればいいの？"って言う感じだったので。責任実習もあったんで，それもあってすごく大変でした。　　　　（Kさん）

　Kさんは，【実習先の保育者との間に厚い壁がある】と感じるようになり，このことによって保育者に質問できない状況に陥って，「どうすればいいかわからなくって，とにかくパニック状態」だったと述べた。

> "質問しなさい"って言われても，先生（実習先の保育者）と実習生の壁がすっごく厚いみたいな。なので，聞きたいことも聞けずで，質問もできなくて。だから，日誌を書くにもどうすればいいかわからなくって，とにかくパニック状態で。　　　　（Kさん）

　Kさんは，保育者との関係に翻弄され，実習に居心地の悪さを感じていた。［子ども理解の発展］における学生のリアリティ・ショックが，子どもとの関係において生じたものであったのとは異なり，Kさんの受けたリアリティ・ショックは実習先の保育者との関係において生じていた。

②リアリティ・ショックを経験する中で形成された認識

回避としての割り切り

《実習先の保育者との関係の困難さ》に関するリアリティ・ショックは，Kさんにとって回避したい現実であった。そこでKさんは，《回避としての割り切り》という認識を形成することによって，困難な状況を乗り切ろうとしていった。Kさんは，この困難は実習という限られた期間だけのものだと割り切ることで，実習を続けることができたのである。

　具体的には，Kさんは【免許状取得のために実習はやり遂げたい】と割り切ることで，最後まで実習を終えることを目指した。

> 　とにかく早く終わってほしいっていうそれだけだったんで。資格取るためって割り切って。最後（の実習）だから。…なにをしても怒られるとか，注意されるとか，指導されると思っているから，自分も小さくなり始めるんですよ。とりあえずはカウントダウンで，あと何日，あと何日っていう感じでした。
>
> (Kさん)

　また，【実習先だけが幼稚園ではない】という認識を形成することで，「つらくても幼稚園の先生になるための過程」だと今の状況を捉えて，この苦境を乗り切ろうとしていた。

> 　でも，私はつらくても幼稚園の先生になるための過程だと思っていたので，また別の幼稚園もあるよねみたいな感じで割り切れてたっていう。　　(Kさん)

　しかし，このようにして実習に対する意欲を保つために割り切りの認識を形成しても，保育者との関係そのものが変わったわけではない。したがって，Kさんは「全くその先につなげられない，ただ居心地が悪かった実習」として実習体験を振り返った。

　なお，本調査において，学生が保育者との関係に問題を抱えていたのは1事例

であったが，X大学全体の傾向としても，そのような場面に直面した学生は少数であった。このことを示しているのが，実習後に行った質問紙調査における「あなたと実習担当保育者との関係はよかったと思いますか」という項目の回答結果である。「とてもそう思う」という回答が61.8%，「まあそう思う」という回答は34.5%で，合計すると96.3%の学生が保育者との関係は良好であったと答えていた。

5．実習先の保育者との出会いのあり方

　以上に示したように，実習において学生が［子ども理解の発展］か，［ショックからの回避］のどちらをたどるかによって，学生が受けるリアリティ・ショックと認識の形成のあり方は大きく異なる。では，なにによってこのような違いが生み出されたのだろうか。

　学生のインタビューデータを見ていくと，［子ども理解の発展］のパターンをたどる者と［ショックからの回避］をたどる者では，実習先の保育者との出会いに関する語りに違いがみられた。［子ども理解の発展］において学生は実習先の保育者との出会いをポジティブに捉えていたのに対して，［ショックからの回避］における学生（Kさん）はその出会いをネガティブなものとして捉えていた。

　［子ども理解の発展］において，Ⅰさんは，保育者からの一言で，安心していろんなことを聞ける関係を作ることができたと語った。Nさんも，保育者の「手厚い指導」が「本当に励みに」なったと答えた。

　わからないことがあっても，先生が"聞きたいことがあったらなんでも聞いてね"みたいに言ってくださったので安心していろんなこと聞けました。

（Ⅰさん）

　本当に手厚い指導をしてくださったので，妥協ができなかったんですよ。これだけ先生が一生懸命やってくださるので，それをおろそかにしたら失礼だって。だから，常に自分の100点のものを作ろうと思ってやってたので。…そう

いう先生の態度が本当に励みになって，一生懸命やらなきゃと思いました。

(Nさん)

　このように，実習でリアリティ・ショックを経験した学生が［子ども理解の発展］に至った背景には，実習先の保育者との出会いがあった。この出会いが学生にとってポジティブなものとして捉えられた場合，学生が実習に取り組む励みとなっていた。［子ども理解の発展］では，実習先の保育者の存在が，実習の支えとなり，学生が子どもとのかかわりに積極的に向き合うことを可能にし，それによって子ども理解の発展をもたらす認識の形成が促されたのだと思われる。

　その一方で，［ショックからの回避］においてKさんは，保育者との出会いをネガティブなものとして捉えたことによって，そのこと自体にリアリティ・ショックを受け，実習に対して大きな不安を抱えることとなった。Kさんは，それでも実習を最後までやり遂げるために，実習の困難は限られた期間のことだと割り切るという認識をもつようになった。

　以上のように，実習先で出会った保育者の存在が，学生にとって実習の励みや支えになる場合と，保育者の顔色が気になって実習に集中できなくなる場合では，学生のリアリティ・ショックと認識の形成のあり方に大きな違いがみられた。このことは，実習先の保育者との出会いを学生がどう捉えたかが，実習における学生の経験の質に影響を与えることを示唆するものである。

6．研究1のまとめ

　研究1では，4年制大学の保育者養成課程で学ぶ9名の学生を対象にインタビュー調査を実施し，実習において学生が受けたリアリティ・ショックの内容と，それを経験する中で彼らが保育の仕事や実習に対して形成した認識について分析した。なお，インタビュー調査に先立って，9名の学生が在籍するX大学Y専攻の同学年の学生全員を対象に，実習後に質問紙調査を実施した。その結果によれば，Y専攻の学生は，総じて保育職への志望度が高く，実習に対して積極

的に取り組み，実習を通じて成長したという実感を得ていることが示された。この結果をふまえて，こうした学生が実習で具体的にどのようなことを経験したのかを検討するためのインタビュー調査を実施した。9名の学生のインタビューデータを分析した結果，彼らのリアリティ・ショックと認識の形成について2つのパターンが明らかになった。

　ひとつは，［子ども理解の発展］である。［子ども理解の発展］おいて学生は，実際に子どもとかかわってみて，≪子ども理解が足りない≫という現実に直面し，リアリティ・ショックを受けていた。そして，そうしたリアリティ・ショックを経験する中で，≪保育行為の主体は子どもである≫，≪保育者の子どもへの援助にはさまざまな配慮がある≫，≪保育者という仕事の責任の重さ≫という認識を形成していった。このように，［子ども理解の発展］では，リアリティ・ショックを受けた学生が実際に子どもとかかわりながら，子どものために自分がなにをすべきか，なにができるかを追究することによって，保育に対するさまざまな認識を形成していた。実習でこうした経験を経た学生は，「子どもがかわいい」，「子どもと一緒にいることが楽しい」と，子どもとかかわることに喜びを感じるようになった。もうひとつは，1名だけにみられたもので，［ショックからの回避］である。この場合，学生は≪実習先の保育者との関係の困難さ≫にリアリティ・ショックを受けるが，実習の困難は限られた期間のものであるから「免許状取得のために実習はやり遂げよう」，「実習先だけが幼稚園ではない」とショックからの≪回避としての割り切り≫の認識を形成することで困難な状況を乗り切ろうとしていた。

　このように，実習において［子ども理解の発展］を経た学生と，［ショックからの回避］を経た学生では，リアリティ・ショックの内容と認識の形成のあり方に大きな違いがみられた。そして，その要因として，実習先の保育者との出会いに対する学生の捉え方の違いが示唆された。

　次章（研究2）では，実習を経たあとに保育者として就職した新任保育者が，職場に入ってどのような経験をしていくのかについて検討する。

第6章

新任保育者のリアリティ・ショック
（研究2）

1. 新任保育者の最初の1学期

　研究2では，新任保育者（幼稚園教員）がリアリティ・ショックを受けた内容と，その渦中でどのような認識を形成して仕事を続けているのかについて検討する。前章（研究1）では，実習における学生のリアリティ・ショックと，保育の仕事や実習に対する彼らの認識の形成について検討した。それでは，新任保育者は，就職直後の最初の1学期にどのようなことにリアリティ・ショックを受けるのだろうか。第1章で言及したシャイン（1991）によれば，初期キャリアの大きな課題は，仕事の内容と職場に適応し，組織に対して貢献できる正規のメンバーとして認められるようになることである。それがうまく果たせなければ，早期離職を招く可能性が高まっていく。学生から社会人（初期キャリア）への移行は危機をともなうものであり，この時期の危機を示す顕著な特徴がリアリティ・ショックである。とりわけ新任保育者が現場に入って最初の1学期は，リアリティ・ショックがもっとも大きい。

　ただし，就職したばかりの新任保育者の困難をより深く理解するためには，リアリティ・ショックの分析だけでなく，リアリティ・ショックの渦中においても仕事に取り組まなければならないことの困難も併せて検討する必要がある。リアリティ・ショックは，就職前に抱いていた期待やイメージと現実とのギャップに注目するものであるが，就職後に新人が困難を感じるのは，そのギャップが生じさせるショックとともに，それでも日々その仕事を続けていかなくてはならない

64

ことにもあると考えられるからである。このことを解明するためには，新任保育者が受けるリアリティ・ショックの内容と，その渦中における彼らの仕事に対する認識を分析することが求められる。また，リアリティ・ショックの渦中にある彼らの認識を検討するにあたっては，個々の新任保育者のものの見方や捉え方に迫ることが必要となるため，質問紙による量的調査よりも質的調査の方が適している。

　そこで本研究では，新任保育者を対象として，リアリティ・ショックがもっとも大きいと予想される就職1年目の1学期に着目し，彼らがどのようなことにリアリティ・ショックを受けたのか，そしてその渦中において彼らはどのような認識を形成して仕事を続けているのかを質的方法により明らかにする。なお，日本の幼稚園は私立が多く，保育の考え方や指導方法に多様性が認められるが，本研究では幼稚園に就職した新任保育者が共通に経験するリアリティ・ショックの内容に着目する。

2．研究方法

　以上の課題を明らかにするために，研究2では新任保育者（幼稚園教員）に対し，短いスパンで繰り返しインタビュー調査を行った。なお，分析手続きは研究1と同様に修正版グラウンデッド・セオリー・アプローチを用いる。

（1）調査対象者

　調査対象者は，研究1の調査対象者と同じX大学を2010年3月に卒業し，翌4月に幼稚園で新任保育者となった6名（全員女性）である（**表6-1**）。調査者（筆者）からX大学の教員を通じて調査協力者の募集を行い，協力の意思の表明があった者に対して，調査者が直接連絡し許可を得た。結果的に私立園に勤務する保育者が多くなったが，これは私立が多い幼稚園の採用状況を反映した結果といえる。

　6名は首都圏の，それぞれ違う園に勤務している。どの園も3歳児クラスから

表6-1　調査対象者のプロフィール

	調査対象者	種　別	配属クラス	職　務
1	Aさん	公　立	3歳児	担　任
2	Bさん	私　立	3歳児	担　任
3	Cさん	私　立	4歳児	担　任
4	Dさん	私　立	3歳児	担　任
5	Eさん	私　立	3歳児	担　任
6	Fさん	私　立	4歳児	担　任

5歳児クラスまでの3年保育で，1学年3ないし4クラスで編成され，各クラスの子どもの数は20名から30名程度である。また，1日の保育は，クラスで一緒に活動する時間と，一人ひとりの子どもが好きな遊びに取り組む時間で構成されている。いずれの園も子どもの登園前や降園後に，職員会議や学年ごとの打ち合わせの時間があり，日々の保育に関する情報の共有や，職務の研鑽に努めている。

　対象となった6名は全員，1年目で離職せずに2年目以降も働き続けた。冒頭で記したように，本研究の目的は新任保育者がリアリティ・ショックを受けながらも職業を継続していく姿を明らかにすることにある。この6名は本研究の対象にふさわしく，全員を分析の対象とした。

(2) 調査方法および時期

　調査対象となった新任保育者一人ひとりに，就職直後の4月末から，1ヵ月ないし1ヵ月半に1回程度の短いスパンでインタビュー調査を行った。彼らが経験するリアリティ・ショックの内容や，その渦中における彼らの認識を分析するためには，本人にその時々に感じていることをていねいに聞き取ることが最も有効だと考えたからである。具体的には，どのような仕事に従事しているのか，同僚や子どもとかかわる中で，どのようなことにリアリティ・ショックを受けたのか，そして，保育者という仕事についてどのように捉えているのかを詳細に尋ねた。また，リアリティ・ショックの内容は，彼らの勤務状況の影響を受けるものと考えられるため，その基礎データとして各新任保育者の勤務時間についても尋ね

た。

　インタビュー調査は最長3年目まで継続して実施したが，研究2では就職直後の2010年4月末から，1学期の振り返りを聞いた8月までのデータを用いる。この間に各人に4回ないし3回の半構造化インタビューを実施した。各対象者への2010年8月までのインタビュー調査実施日，インタビュー録音時間については，以下の**表6-2**に示した通りである。インタビュー時間は，毎回1時間から1時間半程度である。回数は延べ21回，インタビューの総時間数は1,754分に達した。

表6-2　インタビュー調査実施日および録音時間

保育者 回　数	1 Aさん	2 Bさん	3 Cさん	4 Dさん	5 Eさん	6 Fさん
1	2010.4.24 （84分）	2010.5.4 （75分）	2010.4.24 （82分）	2010.4.24 （75分）	2010.5.8 （96分）	2010.4.29 （73分）
2	2010.6.26 （76分）	2010.6.12 （105分）	2010.5.29 （81分）	2010.5.30 （80分）	2010.6.5 （98分）	2010.5.29 （82分）
3	2010.8.12 （82分）	2010.7.4 （64分）	2010.7.29 （92分）	2010.7.3 （72分）	2010.7.3 （78分）	2010.8.30 （93分）
4	—	2010.8.6 （91分）	—	2010.8.14 （104分）	2010.8.13 （71分）	—
合　計	3回 （242分）	4回 （335分）	3回 （255分）	4回 （331分）	4回 （343分）	3回 （248分）

（3）分析方法

　インタビューデータの分析にあたっては，対象者に共通してみられる特徴を描き出すことをねらいとしているため，研究1と同様に，修正版グラウンデッド・セオリー・アプローチを採用した。具体的な手続きは，次の通りである。

①　新任保育者に対して短いスパンでインタビュー調査を行い，インタビュー実施後，インタビューの音声記録をテキストデータに変換した。

②　こうして作成されたデータのうち，最初に1名のインタビュー記録に目を通し，リアリティ・ショックに関する語りと，その渦中における仕事に対する認

識が捉えられる語りに注目した。リアリティ・ショックについては，就職前の個人の期待やイメージと現実との間のギャップによって生じるショックであるため，職に就く前に抱いていた思いや考えと対比させて現在の状況の困難さが語られた箇所や，現場に初めてふれた驚きやショックをストレートに語っている箇所に着目した。それぞれの箇所の語りの意味を考え，それを適切に表現する言葉を検討して概念を生成し，概念ごとにワークシートを作成して概念名と具体例を書き込んだ。

③　さらに他の調査対象者のインタビュー記録も読み進め，新たな概念を生成するとともに，それがなされなくなったところで，複数の類似の概念をまとめ，カテゴリーを生成した。

④　そのうえで，生成されたカテゴリー相互の関係を検討し，結果を図に示した。なお，生成された概念とカテゴリーの妥当性を確保するために，教育領域を専門とする大学教員や幼稚園園長，調査対象者とは別の新任の幼稚園教員に分析結果を示し，必要に応じて適宜修正した。

3．新任保育者の勤務状況

　対象となった新任保育者の1学期の出勤・退勤時刻は**表6-3**の通りであった。また，出勤から退勤までの新任保育者の仕事の流れを尋ねたところ，就職直後の1学期の仕事の流れはおおよそ共通したものであった。一例として私立幼稚園の

表6-3　出勤時刻と退勤時刻

	出勤時刻	退勤時刻
A さん	7 時半頃	18 時から 19 時頃
B さん	7 時 15 分	20 時頃
C さん	7 時	19 時から 20 時すぎ
D さん	7 時 10 分頃	20 時すぎ
E さん	8 時	17 時半頃から 19 時頃
F さん	7 時半から 8 時	18 時から 20 時頃

新任保育者 D さんの一日の仕事の流れを**表6-4**に示す。

　保育者が担当する保育時間は，子どもの登園から降園までのおおよそ9時頃から14時頃の5時間ほどであった。バス通園を行っている幼稚園（A さん，B さん，C さん，D さん）では，保育者が子どもの登・降園時にバスに同乗するため，これを担当する日は保育時間の前後1時間程度，この業務に従事することとなる。なお，E さん，F さん以外の幼稚園では，子どもの登園前や降園後に預かり保育を行っていたが，預かり保育の時間を担当する保育者は別に配置されているとのことだった。

表6-4　D さんの一日の仕事の流れ

時　　間	内　　容
7：10	• 出勤 •「新任の仕事」をする（遊具やテラスの掃除，水仕事）
7：45	• 最初の便のバス出発（担任は最初の便のバスに乗る場合がある）
8：30	• 最初の便のバスが幼稚園に到着 　・最初の便のバスの子どもが登園 　・登園した子どもは朝の支度の後，「好きな遊び」へ
10：00	• 遊びの片付け 　・最後の便のバスの子どもが登園
10：15	• 朝の集まり • 主にクラスでの一斉活動
11：30	• 昼食（お弁当）の準備 • 昼食 　・昼食後，片づけ等を終えた子どもは，「好きな遊び」へ • 遊びの片付け
14：30	• 降園（降園時は，主に副担任の保育者がバスへの誘導，乗車を担当） • 職員会議 • 職員会議後も，子どもについての話し合い，学年別での打ち合わせや保育の準備，職員全体での研修など，さまざまな業務を行う
18：30	• 降園後の預かり保育や課外活動で保育室を使用しているため，それらが終了した後に，自分のクラスの保育室で翌日の準備を行う
20：00 〜 20：30	• 退勤

第6章　新任保育者のリアリティ・ショック（研究2）　　69

所定の勤務時間は，いずれの園でも8時半頃から17時頃までのおよそ8時間であったが，実際の勤務時間はそれを大幅に超え，11時間から12時間に及んでいる場合がみられた。ちなみに文部科学省 (2006) が実施した『教員勤務実態調査』によれば，残業も含めた小学校教員の7月の勤務時間は平均10時間36分で，今回調査した保育者と同等か，対象となった新任保育者の方が若干長かった。

　新任保育者の場合，それぞれの勤務が定時よりも大幅に長くなっているのには，さまざまな事情がある。まず，どの新任保育者も所定の勤務時間より早く出勤していた。その主な理由は，掃除や準備などの「新任の仕事」をするためである。このことについて，Aさん，Bさん，Cさんは次のように語った。

> 　（出勤時間は）新人は7時半で，ほかの先生方は8時ですね。7時半には園にいて。新人なのでお掃除とかもあるのでしていて。　　　　　　　　　（Aさん：4月）

> ・新任の先生は，ほかの先生が来る前に，お茶の準備っていうのがあって。
> ・7時半から8時ぐらいまでに，ほかの先生たちが来るので，（朝の打ち合わせの時間までに）先生たちのお茶を準備して。それをしたらテラスの掃除とかをし始める感じで。　　　　　　　　　　　　　　　　　　　　（Bさん：4月）

> 　1年目なので，お茶づくりがあるので，朝は7時に出勤して。朝礼が8時からなので，それまでに子どもたちのお茶づくりをするんですね。それは朝，1年目の先生の仕事なので。そういうお茶づくりとか。あと，ゴミ出しと，あと洗濯物があったら洗濯物をたたんだりとか，洗濯したりとか。そういう作業を朝礼までの間にやらないといけないので。　　　　　　　　　　（Cさん：4月）

　また，新任は早く出勤すべきだという園の雰囲気もあり，新任自身にもそうした意識があった。Dさんは，「新人だと早く行かないといけないっていうのもある」と答えた（Dさん：4月）。

　退勤時間が遅い主な理由としては，「仕事が終わらない」ということが挙げられる。表6-4に示したDさんの一日の仕事の流れにもみられるように，保育者は，子どもが降園した後に会議や打ち合わせがあるため，自分の仕事に取り組む

ことができるのは，それらの後になる。これにより新任保育者は，できる限り準備を進めておきたいと，遅くまで残って仕事をしていた。このことについて，Fさんは，準備することが多くて大変だと次のように語っている。

> 　4月始まってから，最初は準備とかで環境設定とかがいろいろあったので，それで遅くなっていたんですけど。ちょっと落ち着いて，また最近活動が具体的になってきたので，そこで話し合うことが増えたりとか，こうやってみようっていうので，準備するものが増えたりとかっていうのがあって，準備がすごく大変で。　　　　　　　　　　　　　　　　　　　　　　　　　（Fさん：5月）

　Cさんは，早く帰ろうとすると，自分の仕事がほとんどできていない状態で，自分の仕事を進めようとすると遅い時間になってしまうと語った。

> 　一応，園自体は遅くても（午後）6時半までには，みんなで帰りましょうっていう感じなんですけど。でも，6時半なんて本当にあっという間で。ちょっとやったらすぐ6時半になっちゃうんで。さすがに6時半までだとなにもできないんで。最近は早くても，家に帰ってくると8時半とか。8時，8時半は当たり前で。　　　　　　　　　　　　　　　　　　　　　　　（Cさん：4月）

　遅くまで残って仕事をしても終わらないため，家に持ち帰ってできる仕事は家でしているということであった。たとえば，Aさん，Bさんは，幼稚園ですべき仕事の区切りがついたら帰宅し，家で仕事をしていると次のように述べた。

> ・家に仕事を持ち帰ってしまえば早くは帰れるんですけど。園でやっておくべきことみたいなのが終わるのが大体（午後）6時，7時なので。（Aさん：4月）
> ・半日保育じゃなくて1日の保育になってしまうと，自分自身ももう疲れてしまって。なんかぽーっとして，デスクワークをするにも，もう考えられないみたいになってくるので，私は自分の中で7時まではやるけど，7時になったらどんな仕事をしていてもきり上げて帰るみたいな。…園での仕事は終わ

らせて，それで家に持ち帰ってきて日案とかは全部家で書くようになったの
で。 (Aさん：6月)

（製作の準備をするための）画用紙とか全部幼稚園にあるので，幼稚園で作業し
た方が効率がいいというか。それを（家に）持って帰って広げてやるっていうの
も難しいから，みんな幼稚園で残ってやっていることなんですけど。作業的な
ことを優先して園でやって，個人の記録とかを家でやるというか。
(Bさん：6月)

このように定時よりも早く出勤し，遅い時間まで残って仕事をしている状況に
ついて，Fさんは，幼稚園でも家でも「ずっと仕事をしている感じ」だと語った。

幼稚園が生活の大部分を占めるので。帰っても子どものこと考えちゃった
りとか，一人ひとりの（子どもの）記録があるんですけど，それを "あの子が
ちょっと気になるから家で読もう" って持って帰ってきちゃったりして，ずっ
と仕事している感じ。 (Fさん：4月)

Dさんも，朝から夜まで，土日も「ずーっと」幼稚園の仕事に追われていると
述べた。

家に帰ってからも，まだ仕事が残っててみたいなのが多くて。土日もだか
らやることがあって。やっぱり自分の時間がとれないっていうのがあって。
ずーっと，ずーっと，朝起きたら，もう，すぐ幼稚園行ってみたいな。帰ったら，
その日の仕事の残りをやってみたいな。それでまた，朝起きたら幼稚園ってい
う毎日で。 (Dさん：4月)

4．新任保育者のリアリティ・ショックと仕事に対する認識の形成

インタビューデータの分析結果として，生成されたカテゴリーおよび概念を示し，それらを用いてストーリーラインで結果の全体像を説明する。そのうえで，新任保育者がリアリティ・ショックを受けた内容と，リアリティ・ショックの渦中で形成された仕事に対する認識のそれぞれに該当する各カテゴリーおよび概念の内容について詳しく述べていく。

（1）生成されたカテゴリーおよび概念

2節で述べた手続きに従って，新任保育者はどのようなことにリアリティ・ショックを受けたのか，その渦中においてどのような認識を形成して仕事を続けているのかについて分析した結果，合計で7つのカテゴリーと20の概念が生成された。生成されたカテゴリーおよび概念，各概念の定義は，**表6-5**の通りである。なお，文中ではカテゴリー名を≪　≫内に示し，概念名は【　】，調査対象者の語りの引用は「　」または◻︎◻︎で囲んで示す。（　）内は筆者の補足である。

（2）結果図およびストーリーライン

結果の全体像を，分析結果図（**図6-1**）およびストーリーラインにおいて示す。

働き始めたばかりの新任保育者にとって，就職先の≪園の方針は受け入れなければならない≫ものである。【園の方針へのとまどい】を抱くが，【園の方針に合わせて動くしかない】状況の中で，こなさなければならない≪仕事に追われて心身ともに休まらない≫日々を送っていた。【寝る時間もとれないほど仕事がある】ために，【寝ても覚めても保育のことから離れられない】つらい状態が続いていた。そして，【保育の準備に追われ続けている】ことによって，保育者になったにもかかわらず，≪子どものためになにもできていない≫ことにリアリティ・ショックを受けることとなった。

担任であるのに【一人ひとりとじっくりかかわれない】，【子どものことが見えていない】という現実にショックを受け，≪担任としての責任が重すぎる≫と感

表 6-5　生成されたカテゴリーおよび概念，各概念の定義と具体例のあった対象者

カテゴリー	概　念	概念の定義 （各概念の具体例のあった対象者）
園の方針は受け入れなければならない	園の方針へのとまどい	園の方針と自分の考えとの違いに葛藤すること　　　（A，C，D，E，F）
	園の方針に合わせて動くしかない	園の方針と自分の考えが違っていても，園の方針に合わせて動くしかないこと　　　（A，C，D，E，F）
仕事に追われて心身ともに休まらない	保育の準備に追われ続けている	常に準備に追われて，仕事の終わりが見えない苦しさを抱えること　　　（A，B，C，D，F）
	寝る時間もとれないほど仕事がある	仕事が終わらず，ゆっくり寝る時間もないことにつらさを感じること　　　（A，B，C，D，F）
	寝ても覚めても保育のことから離れられない	寝ても覚めても常に保育のことが頭から離れず，心身ともに休まることがないこと　　　（A，B，C，D，E，F）
子どものためになにもできていない	一人ひとりとじっくりかかわれない	目の前の仕事をこなすことに追われて，一人ひとりの子どもとじっくりかかわれていないことに葛藤すること　　　（A，B，C，D，E，F）
	子どものことが見えていない	一日の実践を振り返っても一人ひとりの子どもがどんな気持ちで，なにをしていたのかわからず，子どものことが見えていないということに悩むこと
担任としての責任が重すぎる	子どもを預かることの責任が重い	担任として子どもを預かることの責任の重さに対して，怖さや不安を感じること　　　（A，B，C，D，E，F）
	子どもを育てなければならないプレッシャー	子どもの育ちが自分の判断にかかっているということにプレッシャーを感じること　　　（A，B，C，D，E，F）
	クラスを作ることの難しさ	担任としてクラスを作っていくことの難しさを痛感すること　　　（A，B，C，D，E，F）
	保護者に伝えることの難しさ	新任でも，保護者の相談に乗ったり，さまざまなことを伝えなければならない難しさに悩むこと　　　（A，B，C，D，E，F）
先輩保育者とうまくかかわるのは難しい	先輩保育者との関係づくりが困難	先輩保育者との関係づくりの難しさに悩むこと　　　（A，C，D，F）
	なにも言えない新任という立場	組織の中では一番下の新任という立場のため，先輩保育者に対してなにも言えないことに葛藤すること　　　（A，B，C，D，E，F）
	担任らしさと新任らしさの間の葛藤	先輩と同じように，担任として子どもの教育に責任を持つことが求められるにもかかわらず，場面によっては新任らしく先輩に対して振る舞うことが求められて葛藤すること
保育者に向いていないかもしれない	万全の状態で子どもとかかわれていない	保育者であるのに，保育の準備も体調も万全の状態で子どもとかかわることができず，情けないと感じること　　　（A，B，C，D，E，F）
	できないことばかり	自分の仕事に対して，"できないことばかり"だと感じて思い悩むこと　　　（A，B，C，D，E，F）
	子どもに申し訳ない	目の前の仕事に追われてじっくり子どものことを考えられずに，子どもに申し訳ないと感じること　　　（A，B，C，D，E，F）
とにかくやるしかない	子どもの担任としてがんばる	子どもの担任として，できることからがんばってやっていこうと奮起すること　　　（A，B，C，D，E，F）
	今の状況から逃げたくない	毎日大変でも，今の状況から逃げずにやっていこうと自分を奮い立たせること　　　（A，B，C，E，F）
	とりあえず1年は続けてみよう	とりあえず1年は続けてみようと，気持ちを切り替えること　　　（A，B，C，D，E，F）

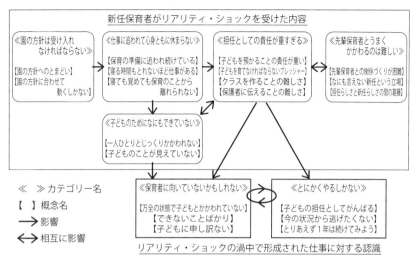

図6-1 新任保育者のリアリティ・ショックと仕事に対する認識の結果図

じるようになった。新任保育者は，担任として【クラスを作ることの難しさ】，【保護者に伝えることの難しさ】に直面し，子どものために精一杯取り組もうとするが，【子どもを預かることの責任が重い】ことや【子どもを育てなければならないプレッシャー】に押し潰されそうになることがあった。

こうした保育者の日々の職務を遂行していくうえで，他の保育者との連携は不可欠なものであるが，新任にとって≪先輩保育者とうまくかかわるのは難しい≫ものであった。【先輩保育者との関係づくりが困難】になると，先輩保育者から十分なアドバイスが得られなくなり，さらに苦しみを抱えることとなった。また，彼らは，先輩には【なにも言えない新任という立場】であることや，【担任らしさと新任らしさの間の葛藤】にもリアリティ・ショックを受けていた。

≪担任としての責任が重すぎる≫ものであることを感じていながらも，実際には≪子どものためになにもできていない≫という新任保育者の苦悩は，≪保育者に向いていないかもしれない≫という認識を生じさせるほど彼らを追いつめていた。彼らは，【万全の状態で子どもとかかわれていない】ことや，【できないことばかり】の自分が担任で【子どもに申し訳ない】と自らの至らなさを責めていた。

その一方で，新任保育者は，子どものために≪とにかくやるしかない≫という認識ももつようになった。彼らにとって≪担任としての責任が重すぎる≫ものであるがゆえに，子どものためにそれを果たしていかないといけないという思いが喚起され，彼らは【子どもの担任としてがんばる】，【今の状況から逃げたくない】，【とりあえず1年は続けてみよう】と自らを奮い立たせて仕事に向かっていたのである。

　このように，新任保育者は，就職してから最初の1学期において，さまざまなことにリアリティ・ショックを受ける中で，≪保育者に向いていないかもしれない≫という思いと，それでもやっぱり≪とにかくやるしかない≫という思いの間で揺れ動きながら，仕事を続けていた。

（3）新任保育者がリアリティ・ショックを受けた内容
園の方針は受け入れなければならない

　≪園の方針は受け入れなければならない≫とは，就職先の幼稚園の保育に対する考え方や仕事内容，園独自のルールなどに疑問をもっても，就職したばかりの新任保育者は，それらを受け入れなければ働き続けていくことができないということに対するリアリティ・ショックのカテゴリーである。【園の方針へのとまどい】を抱きながらも，組織に所属したからには【園の方針に合わせて動くしかない】ことに新任保育者は葛藤していた。

　Ｃさんは，決められた園の方針は「"なんで？"とかそういうのは考えちゃいけない」もので，「それをいいとか悪いとか，どう思っても関係なく，その考え方のもとでしか動けない」と語った。

　園長，理事長が"こう"って言ったら"こう"なので。決まったことの報告でしか私たちに下りてこなくて。みんなで考えるとかそういうことはなくて。だから，私たちはそれをいいとか悪いとか，どう思っても関係なく，その考え方のもとでしか動けないので。"なんで？"とかそういうのは考えちゃいけないみたいな。実習とかってやっぱりそういうのわからないから，幼稚園ってこういうところだとは思っていなくて。
（Ｃさん：7月）

仕事に追われて心身ともに休まらない

　≪仕事に追われて心身ともに休まらない≫とは，就職前に思い描いていた以上に，子どもの降園後にしなければならない仕事が多く，常に仕事が終わらない状態で心身ともに休まることがないことに対するリアリティ・ショックである。前節で示したように，新任保育者の勤務は長時間にわたっていた。この状況の中で常に余裕がなく，【保育の準備に追われ続けている】。【寝る時間もとれないほど仕事がある】つらさに直面して，Ｆさんは，「学生の時は幸せだった」と振り返った。

　　　いまは，ゆっくり寝て，休みたいって本当に思います。学生の時は幸せだっ
　　たなぁ。もう，とにかく覚えること，やらないといけないことがいっぱいで，
　　いつも追われてて。しかも，まずそういう細かい一つひとつを覚えて，やって
　　いかないといけないので。子どもの保育の前に，まずそういう，いろいろなこ
　　とを私がやらないといけなくて。　　　　　　　　　　　　　　（Ｆさん：5月）

【寝ても覚めても保育のことから離れられない】ため，「生活のすべてが保育（Ａさん：6月）」という毎日であった。Ａさんは，保育者になる前は「終わりのない仕事」という言葉は，「すてきな仕事だから終わりがない」と思って捉えていたという。だが，実際に仕事に就くと土日も保育の準備に追われ，なにも準備できなかった時は自分に「罪悪感」すら感じると，そのつらさを語った。

　　　"教師という仕事には終わりはないんだよ"みたいには聞いていて。その終
　　わりのない仕事というのは，いいイメージの終わりのない仕事みたいな，いい
　　言葉のように，"すてきな仕事だから終わりがない"みたいな感じで思ってい
　　たんですけど。でも，金曜日終わって花金だみたいな感じにOLさんとかは，
　　明日から休みみたいな感じになるじゃないですか。でも，私はこの土日が最近
　　いやで。月曜日に向けて，この土日で"私はなんの準備をすればいいんだろう"
　　みたいな。なにもしなくても月曜日はきてしまうんですけど，月曜日になにも
　　準備をしていないと，"なんで子どもたちのために準備ができなかったんだろ

う"みたいな。そういう罪悪感が出てきて，そういうのがすごくつらいですね。

（Aさん：6月）

　Cさんは，仕事の多さについて，「働いてみて，こんなに大変だったんだっていうことを実感」したという。

　　働いてみて，こんなに大変だったんだっていうことを実感しましたね。（保育者に）なる前も先生は大変だっていうことは聞いてて，なんとなくはわかっていたつもりだったんですけど，実際自分がなってみると全然違いましたね。本当に。いろんな意味で大変。子どもと一緒にいる時間は大変なのはもちろん，保育が終わった後もこんなにやらないといけないことがあったんだみたいな。こんなに毎日考えることがあってみたいな。製作とかも自分たちで考えて，打ち合わせしてとか。本当にこんなに仕事ってあるんだなぁって思って。やることがすごい多くて大変で。　　　　　　　　　　　　　　　　　　（Cさん：4月）

　Dさんも，仕事が終わらずに土日も仕事をしていて，「寝ても覚めても」仕事に「ずっと縛られている」と感じており，「それが結構苦しい」と語った。

　　（仕事が）終わらなくて，土日の片方は，絶対つぶさないとダメですね。仕事で。両方つぶさないといけない時もありますし。寝ても覚めても，ずっとそれに縛られてるみたいな。ちょっと一人になると，"あっ，あれが終わってないからやらなきゃ！"とか。ここまで大変だと思っていなかったので，それが結構苦しいですね。平日に，もし，（午後）8時半とかまでやるんだったら，そのあと，家に帰ったらなにもしなくていいとか。平日全部つぶしても土日は休めるとか。それだったらいいんですけど。それがずーっと，繰り返し，繰り返しで。月曜日から金曜日までの繰り返しと，それから，1カ月間の繰り返しが，またあって。次の壁面作りとか，窓とか，月案とか，園内便りの締め切りとか。1カ月の間にもいろいろあるので。また，この繰り返しと思って。ある時間に対して，やらないといけないことが多すぎて。　　　　　　　（Dさん：5月）

子どものためになにもできていない

　≪子どものためになにもできていない≫のカテゴリーは，保育者になって子どもの育ちに携わることを思い描いていたにもかかわらず，目の前の仕事をこなしていくことに精一杯で，子どものために自分がなにもできていないことに対するリアリティ・ショックを意味する。やるべき作業や時間に追われて，【一人ひとりとじっくりかかわれない】日々が続き，一日の保育を振り返っても一人ひとりの子どもがどんな気持ちで，なにをしていたのかわからず，担任なのに【子どものことが見えていない】ということに悩み，葛藤していた。Ｃさん，Ｆさんは，子どもとじっくりかかわる余裕がなく，自分の都合を優先させて子どもを動かしてしまっており，自分が思い描いていた一人ひとりの子どもの気持ちに寄り添う，子どもの思いを大切にするという保育者像と異なる自分の姿を認識しながらも，どうすればいいかわからず，その状況に葛藤していた。

　（子どもとの）かかわり方が，私，一方的なところがあって。なんか，“しなくちゃ”じゃないですけど。“次にあれをしなくちゃ”とか，“行かなくちゃ”とかって思っちゃって。子どもを動かしてるみたいな。“あぁ，良くないなぁ”って。個々とのかかわりって，すごい大切って，本当にそう思って，（子どもに）寄り添いたいって思って大学を卒業したのに，いざ（保育者に）なったら全然そんなことできてなくて，実習の時の方がもっと考えていたのにって思って。難しくて。
　　　　　　　　　　　　　　　　　　　　　　　　　　　（Ｃさん：6月）

　本当に余裕がなくて，自分で子どもに対応するだけでいっぱいいっぱいで，どういうふうに言葉がけしたらこの子は次スムーズに動いてくれるかとか，なんて言うんですかね，この子の育ちのためにどうその子とかかわればいいとかじゃなくて，保育がスムーズに進むために，この子に動いてほしいから，動くように流すためにはどういうふうに言葉がけしようとか，すごくそういうことばっかりになってて。そういう自分に気づいて。大学で“子どもの気持ちに寄り添った保育”ということをいっぱい聞いてきたのに，全然できてないなって。どうすればいいんだろうって，ずっと感じてはいるんですけど。

　　　　　　　　　　　　　　　　　　　　　　　　　　　（Ｆさん：5月）

Eさんは，実際に担任となって子どもを預かることの「責任の重さ」を感じ，子どものケンカやケガなどが「なにも起きないで無事に過ごしたい」と思うがゆえに，そのことばかりに気をとられて，一人ひとりの子どものことが「見れてない」と語った。

> 　実習の時とかは，その2週間とか3週間，子どもたちとじっくりかかわって過ごしてきたと思うんですけど。やっぱり担任とかになると，ケンカとかケガとか起きたら自分が全部対処しなくちゃいけなくて。自分が担任になって責任の重さを本当に感じていて。だから，本当になにも起きないで無事に過ごしたいって思っちゃう。でも，そういうことばっかり気をつけて，個々（の子ども）がなんの遊びしてたとか，その時に楽しそうだったか，楽しくなさそうだったかとか，見れてないなぁと思っていて。 　　　　　　　　　　（Eさん：6月）

担任としての責任が重すぎる

　担任の判断が，子どもの育ちに大きく影響する。このため，就職後すぐに担任としてクラスを受けもつこととなった新任保育者は，≪担任としての責任が重すぎる≫ことにリアリティ・ショックを受けていた。彼らにとっては【子どもを預かることの責任が重い】ものであり，それを担うことの怖さを感じていた。Eさんは，担任として子どもを預かることは，「すごい重い」ことだと感じていると次のように語った。

> 　実習の時は，見てもらっている先生がいるからなにか起こった時でも，先生がいるから報告程度で。でも今は，…なにか起こった時には，それを伝えるのも私だったりするので，責任をもって見ていかないといけない。なにかも起こしちゃいけないし。子どもを預かるって，こうドーンと重くて。すごい重い。 　　　　　　　　　　（Eさん：5月）

　新任保育者は，担任としてしっかり【子どもを育てなければならないプレッシャー】を常に感じており，Fさんは「私に子どもを育てられるのかな」と不安

を抱え，それでも「担任になったんだから，ちゃんとしなきゃ」と思うが，「いろいろ考え過ぎて楽しめなくなっちゃった」と葛藤する気持ちを述べた。

　担任としては，幼稚園での（子どもの）姿はしっかりと，こちらが受け止めるべきことだって思っていて。そういうことを大切にしたいって思っていたんだけど。でも，その幼稚園で見える姿でさえも受け止めていくのが大変という。見えないところも多いし。やっぱり願うこととかももっているのでこうなってほしいとか。それを思いつつ，でも，今のその子の状態を受け入れていくっていうのがもう大変で。しかも，いっぱいいる中でやるってなると。私に子どもを育てられるのかなって。担任になったんだから，ちゃんとしなきゃって，いろいろ考え過ぎて楽しめなくなっちゃって。　　　　　　　（Fさん：8月）

　また，4月から新しく入園した子どもや，新たな学年に上がった子どもを受けもってみて，自分が担任として【クラスを作ることの難しさ】を痛感していた。Dさんは，実習は「クラスができあがっている中で」行われたものであったが，今は自分が担任としてクラスを作っていく立場になり，「これからどうなるんだろう」，「やっていけるのかな」と不安な思いを吐露した。

　実習に入った時は，クラスができあがっている中で責任実習とかもやったので。みんなお話も聞けるし，クラスにまとまりがあるし，私もやりやすかったんですけど。まとまりを作るのって本当に難しいなぁと思って。新入園の子はとくに集団生活が初めてなので。集団でなにかするっていうことに全然慣れていないので。そういうのを私が教えていかないといけないんで。自分が担任の先生となって，教え育てていかないといけないんだっていうことがこんなにも大変なんだって感じていて。“これからどうなるんだろう”みたいな。“やっていけるのかな”みたいな，すごい不安になります。　　　　（Dさん：5月）

　担任となったことで，新任であっても保護者からの相談に乗る立場となり【保護者に伝えることの難しさ】に直面し動揺していた。Eさんは，「いろんなタイ

プ」の保護者に合わせて，その保護者に伝わるように伝えることは「実際はすご
い難しい」と述べた。

> （保護者から）"先生どう思われてますか"って聞かれたんですよ。始まって
> から3・4日ぐらいの時に。"えっ"と思って。"そんなこと私に聞くの？"と思っ
> て。でも，それっていい面から見れば，私も保育者の一員というか。聞いてほ
> しいって思ってくれてるのはすごいうれしいなって思うんですけど"なんて返
> せばいいんだろう？"と思って。　　　　　　　　　　　　　　　　（Eさん：5月）

> 　保護者とのかかわりっていうのは，大変だろうなとは思っていたけど。やっ
> ぱり，大変っていうか，難しいですよね。…いろんなタイプの親御さんがいる
> ので。でも，まずは，きちんと伝えないとならないし。"今日こんなことでき
> たんですよ"って，そういう楽しいエピソードもしなければいけない。けれど，
> なんかちょっと言いにくいこととかも言わなきゃいけないので。それも，ただ
> 伝えればいいわけじゃなくて，その親御さんに合わせて，どう伝えるのかって
> いうのは，実際はすごい難しい。　　　　　　　　　　　　　　　（Eさん：6月）

先輩保育者とうまくかかわるのは難しい

　担任として保育に携わることが初めての新任保育者にとって，先輩保育者と
の連携は，職務を遂行するうえで不可欠である。だが，彼らは≪先輩保育者とう
まくかかわるのは難しい≫ことを痛切に感じ，リアリティ・ショックを受けてい
た。【先輩保育者との関係づくりが困難】になると，先輩保育者からのアドバイ
スや指導を十分に受けることができなくなる。そうした事態を回避するために先
輩保育者とうまくやっていくことは，彼らにとって大きな課題となった。また，
組織の中で一番下の新任であり，先輩保育者には【なにも言えない新任という立
場】であることに葛藤することもあった。

　Dさんは，主任の先生から，「そのままじゃ，子どもたちがかわいそうだから」
と言われた時に，「すごく自信をなくして」しまったと語った。その際にDさん
は，「本当にショックで。実際に幼稚園で働いてみると，こういうの（先輩保育者

からきつく厳しいことを言われること）が一番精神的にきついです」とも述べている。

> 　"そのままじゃ，子どもたちがかわいそうだから" って言われた時があって。…主任の先生なんですけど，きついので。…私はいろいろ自分のことを言われるのはいいんですけど，"子どもたちがかわいそう" って言われたら，本当にすごく自信をなくしてしまって。本当にショックで。実際に幼稚園で働いてみると，こういうのが一番精神的にきついです。　　　　　　　（Dさん：5月）

　また，Dさんは，先輩の考えと自分の考えが違っていても，そのことを「思っていても言えない」という。自分の考えは抑えて動くしかない状況に「疲れてきてしまって」いると語った(7月)。
　他の先輩保育者と同じように，担任として子どもの保育に責任をもつことが求められるにもかかわらず，場面によっては新任らしく先輩保育者に対して振る舞うことが求められ，【担任らしさと新任らしさの間の葛藤】も抱えていた。Fさんは，ある時は「担任なんだから」と言われ，ある時は「新人なんだから」と言われることに，しょうがないと思いながらも，「引っかかっちゃう」時があると述べた。

> 　それは，別に新人の仕事って決まっている仕事とかではないんですけど。まだ新人だからというのはあるんだろうなとは頭ではわかるんですけど，"新人だからやるのは当然" っていうのに引っかかっちゃう時があって。しょうがないのかなと，そういうのが社会かなとは思っていたんですけど。でも，さっきまで "担任なんだから" って言われて，今度は "新人なんだから" って。
> 　　　　　　　　　　　　　　　　　　　　　　　　　　　（Fさん：5月）

（4）リアリティ・ショックの渦中で形成された仕事に対する認識
保育者に向いていないかもしれない

　≪担任としての責任が重すぎる≫と日々感じながらも，実際には≪子どものた

めになにもできていない≫という現実の中で，新任保育者は≪保育者に向いていないかもしれない≫という認識を抱くようになった。目の前の仕事に追われ，じっくり子どものことを考える余裕もなく，毎日「いっぱいいっぱい」の状況で【万全の状態で子どもとかかわれていない】。仕事に対して【できないことばかり】だと捉えて自分を責めるとともに，そんな新任の自分が担任で【子どもに申し訳ない】という思いにも駆られた。

　Aさんは，「今日これもできなくて，あれもできなくてみたいな」ことばかりで，「向いていないのかな」といつも考えていると語った。

　"自分が保育者として向いていないのかな"と，すごくいつも考えていることで。それは今もそうなんですけど，本当に毎日が反省なので。"そんな1年目からできないよ"とは先輩たちがいっぱい言ってくれるんですけど。でも，なんか今日これもできなくて，あれもできなくてみたいな。できないけどどうしたらいいのかもわからないので。

　　　　　　　　　　　　　　　　　　　　　　　　　　（Aさん：6月）

　Cさんは，「力不足」の新任の自分が担任で子どもたちが「かわいそう」で，「申し訳ない」という思いをもつとともに，「毎日"（保育者に）向いてないな"って思う」と述べた。

　子どもたちにとっては，私で申し訳なかったなぁっていうふうにすごい思うんですけど。1年目で。保護者の方とかも多分"なんで1年目の先生なんだろう？"とか，"1年目の先生で大丈夫かな？"とかって思うと思うんですね。自分が逆の立場だったら，やっぱりベテランの先生の方が安心するだろうなぁって思いますし。"1年目の先生かぁ"って。子どもたちにとっては，その1年間，2年間は私なわけじゃないですか。先生が。力不足で，こんな新任の先生でかわいそうだなって思うんですけど。それで，私自身も大変ですけど。すごい大変ですけど。本当にすごい大変で，毎日"向いてないな"って思うんですね。

　　　　　　　　　　　　　　　　　　　　　　　　　　（Cさん：7月）

とにかくやるしかない

　このように，新任保育者は《保育者に向いていないかもしれない》という認識をもっていた。しかし一方では，《担任としての責任が重すぎる》ものであるために，彼らはクラスの子どもを目の前にすると，なんとかそれを果たそうとして，《とにかくやるしかない》と奮起して仕事に取り組んでいた。彼らは，自分ができることからやっていこうと，【子どもの担任としてがんばる】という前向きな気持ちに切り替えたり，【今の状況から逃げたくない】という思いによって自分を奮い立たせたり，【とりあえず1年は続けてみよう】と不安な気持ちを振り払うことによって，困難な状況に陥りながらも仕事を続けていた。

　Aさんは仕事を覚え，それをこなすことで精一杯であるが，「幼稚園は生活の場なので，子どもの生活は止まったりしないので，立ち止まってじっくり考えてやるっていうことができなくて，休まる時間が本当にない」と言いつつ，クラスの子どもの担任として「でも，やるしかない」と語った。

　覚えること，覚えるだけじゃなくてそれをちゃんとできないとダメで。なにかしようとすると，その度に“どうすればいいんだろう？”っていうふうにわからなくて。しかも，やっても言われたことが，教えてもらったことがちゃんとできてるのかもわからなくて。…幼稚園は生活の場なので，子どもの生活は止まったりしないので，立ち止まってじっくり考えてやるっていうことができなくて。休まる時間が本当にないですね。でも，やるしかないって思ってやって。

（Aさん：8月）

　Fさんは，保育という仕事には「悩んだりとか，考えたり」，「難しい面もつらい面」もあって，「明日がくるのがいやだ」，「つらい」とも思ったけれども，「それよりも悔しいとか，だからやってやるぞ」という気持ちがあると語った。

　悩んだりとか，考えたりとか，いやだなって思ってるんですけど。でも反面，

好きなんだろうなって最近は思って。だからやるんだろうな。難しい面もつらい面もあるけど，"やりたいからやってる"って思わないとやってられないし。"明日がくるのがいやだ"とか，そういうふうには思った時もあったし，"つらいなぁ"とも思ったけど，それよりも悔しいとか，だからやってやるぞっていう自分に対してのそういうのが結構あって。だから今はとりあえず辞めたいとは思ってない。
（Ｆさん：7月）

　Ｂさんは，いつも「これでいいのかな」と思いながらも，「でも，やるしかない」，1年はやってみて，「子どもが成長していくのを，担任として見たい」と語った。

Ｂさん：試行錯誤で。もう，なにもかもわからないまま，"これで，いいのかなぁ？いいのかなぁ？"っていう自信がないまま，毎日が終わっていって。常に"これでいいのかなぁ？"っていう気持ちが。"私が担任でいいのかなぁ？"って思うけど，すごい不安だけど，でも，やるしかないんです。はい。"まずは1年はやらないと"っていうふうに。
調査者：1年やらないとっていうふうに思うのは，どのような理由が？
Ｂさん：子どもたちが。クラスの子どもたちの成長を見たいですね。すごい，いい面とかがたくさん出てきて。子どもが成長していくのを，担任として見たいなぁっていうのがありますね。
（Ｂさん：6月）

5.「逆接のナラティブ」

　以上のような新任保育者の仕事に対する認識に関する語りには，ある特徴的な語り口が見られた。それは，リアリティ・ショックの渦中において新任保育者が≪とにかくやるしかない≫という認識について語る際に，≪保育者に向いていないかもしれない≫という認識を打ち消して，そのことを語る語り口である。新任保育者は，「"つらいなぁ"とも思ったけど，…だからやってやるぞって（Ｆさん）」，「すごい不安だけど，でも，やるしかないんです（Ｂさん）」というような，

86

仕事に対して後ろ向きな認識を吐露し，すぐそのあとに「〜けど」，「でも」と
いった逆接の接続詞を発して，前向きな態度を表明していた。それはいわば「逆
接のナラティブ」と呼べるような語り口である。

　新任保育者は，担任としての責任を担うことによって，"新任だからできない，
わからない"というあり方が認められない状況におかれている。このため，彼ら
は十分に仕事をこなすことができない場合，"新任だからできなくてもしょうが
ない"とは思えず，"できない自分は保育者に向いていない"と認識せざるを得
ない。こうした思いを抱えながらも，保育者になったばかりの彼らは，担任とし
て子どもたちのためにがんばって，その責任を果たしたいとも思う。新任保育者
は担任としての責任を重いものだと感じ取っているがゆえに，「逆接のナラティ
ブ」を用いた語り口になったのだと思われる。

　この語り口からわかるのは，新任保育者は，表面的には≪とにかくやるしかな
い≫と仕事に対して前向きに仕事を続けているように見えるが，それは≪保育者
に向いていないかもしれない≫という認識を，「逆接のナラティブ」で打ち消す
ことで可能になっているということである。この点に留意すると，新任保育者の
「できないことばかり…でも，やるしかない」とか「大変だけど…がんばろう」と
いう言葉の背後に，自らの未熟さを責める気持ちを抱えながら仕事を続けている
新任保育者の姿が立ち現れてくる。

6．研究2のまとめ

　研究2では，新任保育者（幼稚園教員）がどのようなことにリアリティ・ショッ
クを受けたのか，その渦中において彼らはどのような認識を形成して仕事を続け
ているのかという課題について6名の新任保育者に対するインタビュー調査に
基づいて検討した。分析の結果，新任保育者がリアリティ・ショックを受けた内
容に関するカテゴリーとして，≪園の方針は受け入れなければならない≫，≪仕
事に追われて心身ともに休まらない≫，≪子どものためになにもできていない≫，
≪担任としての責任が重すぎる≫，≪先輩保育者とうまくかかわるのは難しい≫

の5つが生成された。そして，リアリティ・ショックの渦中で新任保育者は，≪保育者に向いていないかもしれない≫という認識を抱くようになるが，その一方で≪とにかくやるしかない≫という認識をもつことで仕事を続けていたことが示された。

　≪担任としての責任が重すぎる≫と感じていながら，実際には≪子どものためになにもできていない≫という新任保育者の苦悩は，≪保育者に向いていないかもしれない≫という認識を生じさせるほど彼らを追いつめていた。しかし，その一方で≪担任としての責任が重すぎる≫ものであるがゆえに，子どものためにそれを果たしていかないといけないという思いが喚起され，彼らは≪とにかくやるしかない≫と自らを奮い立たせて仕事を継続していた。また，新任保育者は≪保育者に向いていないかもしれない≫という認識を「～けど」，「でも」といった逆接の接続詞で打ち消すという「逆接のナラティブ」を紡ぐことで，≪とにかくやるしかない≫という前向きな態度を表明していた。

　前章（研究1）で検討した学生のなかには，実習でリアリティ・ショックを受けた際に，その状況から回避するために「実習の限られた期間だから」と割り切って取り組むようになっていった者もみられた。これに対して，新任保育者の場合は，リアリティ・ショックを受けても，その状況を回避しようとして保育の仕事を「仕事だから」と割り切るような認識はみられなかった。新任保育者は職務として保育にあたっており，担任として子どもの保育に対して責任を負っている。このことが，保育現場の現実にふれた時のリアリティ・ショックと仕事に対する認識の形成において，学生との間に差異を生じさせていたものと思われる。

　それでは，このようにして保育の仕事を続けていった新任保育者は，どのようなプロセスを経て専門的成長を遂げていったのだろうか。次章（研究3）では，新任保育者の個別の語りに着目して，このことを明らかにしていく。

第7章

新任保育者の探究的省察のプロセス
（研究3）

1．リアリティ・ショックを契機とした探究的省察

　研究3では，新任保育者（幼稚園教員）がリアリティ・ショックを契機とした探究的省察によって，専門的成長を遂げていくプロセスを明らかにする。第3章で説明したように，探究的省察とは，デューイが示した「reflective thinking」のことである。そこで述べたように，保育者の探究的省察とは，保育の中でどうしたらいいかすぐには解決の仕方がわからない危機に直面して困難や葛藤を抱えるが，それらが自らの保育実践を吟味，検証していく契機となり，自分なりにその状況や状態に応じて新しい実践を生み出していくことを指す。保育者の専門的成長とは，このように自身の実践を不断に変えていく探究的省察のプロセスとして捉えることができる。

　そこで研究3では，リアリティ・ショックを受けた保育者が，探究的省察によって状況に応じた実践を創出し，専門的成長を遂げていくプロセスに注目する。この課題を明らかにするために，研究3では新任保育者（幼稚園教員）3名を中心に，彼らの1年にわたるインタビューデータを分析する。

2．探究的省察のプロセスを解明するための分析枠組み

　リアリティ・ショックのような，混乱やとまどいをともなう事態を契機とした探究的省察のプロセスを読み解くために，このプロセスが具体的にいかなる局

89

面で構成されており，その中でなにが重要な要素かを確認しておきたい。このためには，本書で探究的省察と呼んでいるデューイの reflective thinking に再度立ち戻る必要がある。『思考の方法』(Dewey 1933 = 1950) によれば，reflective thinking には，最初に，「混乱した，紛糾した，雑然たる事態」(デューイ 1950, p.109) があり，そのうえで次の5つの局面があると記されている。

　(1)「暗示」があり，この場合に精神は可能的な解決にむかって飛躍し，(2) 困難もしくは当惑の知性的整理があり，この場合にひとつの解決を求める「問題」が「感ぜられ」(直接に経験せられ) るのであり，その問題が是非とも解答せられねばならぬのであり，(3) 次ぎ次ぎと新しい暗示を指導的観念として，すなわち「仮説」として，駆使し，観察を開始し観察を指導し，また事実的素材の蒐集活動も開始し指導する場合があり，(4) 一つの観念 (idea) として或るひは想念としての観念もしくは想念を彫琢する (このことが「推論作用 (reasoning)」であるが，この推論作用の意味は，いわゆる推理の一部であって，全部ではないといふことである) のであり，(5) 仮説を具象的な行為もしくは構想的な作用によって検証するのである。　　　　　　(デューイ 1950, pp.109-110)

このデューイの記述をわかりやすく言い換えると，reflective thinking とは，当事者の直面している混乱した事態がある種の問題によって生じていることに，その当事者が気づき，そして，その問題を解決・改善していくための観念を作り上げ，それを実践において確かめようとすることだといえる。そして，この考え方に基づけば，新任保育者のリアリティ・ショックを契機とした探究的省察は，次のような経過をたどるものと仮定することができる。

①職に就いたばかりの新任保育者はリアリティ・ショックを受け，最初は大きくとまどい，混乱する。
②やがてそのショックが整理されて，新任保育者はとまどいや混乱が，ある特定の問題によって生じていると考えられるようになる。換言すれば，解決・改善

90

すべき問題がなにかということが具体的にわかってくる。つまり，「問題の気づき」がなされる。

③そして，この「問題の気づき」がなされることによって，新任保育者は，それを解決・改善していくための観念を生成していく。

④観念が生成されることで，新任保育者は，その問題を解決・改善していくために具体的にどうすればいいのか，仮説としてある方策が見えてきて，それを自身の保育実践において検証していく。こうして，新任保育者の実践に取り組む姿勢が変容していく。

　新任保育者の探究的省察を以上の①から④のプロセスによって捉えると，「リアリティ・ショック」から，「問題の気づき」があり，その問題を解決・改善していくための「観念の生成」があり，それに基づいて「実践に取り組む姿勢の変容」がなされるものと想定される。

　このうち，①から③までは，保育者が自身のおかれた状況の捉えを変化させていくプロセスであり，④はそうした捉えの変化に基づいて，保育者の実践に取り組む姿勢が変容していく局面である。そして，この一連のプロセスにおいて重要な要素は，問題の気づきがあった後に，その問題を解決・改善していくために生成される観念である。なぜなら，実践に取り組む新任保育者の姿勢の変容が起きるには，具体的に実践においてなにをしていけばいいのかを指し示す観念の生成が不可欠だからである。

　以上に基づいて，以下では新任保育者の1年にわたるインタビューデータから，彼らの探究的省察のプロセスを分析する。

3．研究方法

　研究3では新任保育者に1ヵ月に1回程度の短いスパンで継続的にインタビューを行い，そのナラティブ（出来事や経験を順序立てて物語ったもの）をナラティブ・アプローチによって分析する。

（1）調査対象者

調査対象者は，研究2で対象とした新任保育者（幼稚園教員）6名のうち，3年目までインタビュー調査を継続することができた4名（Aさん，Bさん，Cさん，Dさん）である。本研究では，対象者にその都度，調査継続の意向を確認している。これにより，2年目，3年目まで引き続き調査の継続の同意が得られた者に絞られることとなった。

なお，Dさんは，3年目の途中で体調を崩し，3年目を終えたところで退職することになった。このため研究3では，他の3名を中心に分析し，Dさんについては補足的に取り上げることにする。

以上の新任保育者4名のプロフィールは**表7-1**の通りである。彼らの勤務する幼稚園はいずれも首都圏近郊の都市にあり，Aさんは公立幼稚園，Bさん，Cさん，Dさんは私立幼稚園に勤務している。いずれの幼稚園も3年保育（3歳児クラス，4歳児クラス，5歳児クラス）を行っている。

表7-1　調査対象者のプロフィール（就職1年目）

保育者	種　別	配属クラス	クラス数 （幼児数）	職　務	クラス担任の構成
Aさん	公　立	3歳児	4クラス （各20名程度）	担　任	担任1名（Aさん） 副担任（非常勤）1名
Bさん	私　立	3歳児	4クラス （各20名程度）	担　任	担任1名（Bさん）
Cさん	私　立	4歳児	4クラス （各30名程度）	担　任	担任1名（Cさん）
Dさん	私　立	3歳児	3クラス （各25名程度）	担　任	担任1名（Dさん） 副担任（非常勤）1名

（2）調査方法および時期

インタビュー調査は，2010年4月より月1回程度のペースで，対象者1名に対して1時間から1時間半程度の半構造化インタビューを行った。このインタビューは，彼らが職に就いてから3年目の終わりまで行ったが，研究3では，そのうち彼らが就職したばかりの2010年4月のインタビューから，1年目の振り返

りを行った2011年4月までのおよそ1年間のインタビュー記録をデータとして用いる。

　各対象者への2011年4月までのインタビュー調査の実施日，インタビューの録音時間については**表7-2**に示す。新任保育者4名へのインタビューは合計で38回実施し，録音した時間をすべて合算すると3,014分に達した。

表7-2　インタビュー調査実施日および録音時間

保育者 / 回　数	1 A さん	2 B さん	3 C さん	4 D さん
1	2010.4.24 (84分)	2010.5.4 (75分)	2010.4.24 (82分)	2010.4.24 (75分)
2	2010.6.26 (76分)	2010.6.12 (105分)	2010.5.29 (81分)	2010.5.30 (80分)
3	2010.8.12 (82分)	2010.7.4 (64分)	2010.7.29 (92分)	2010.7.3 (72分)
4	2010.9.19 (108分)	2010.8.6 (91分)	2010.9.5 (62分)	2010.8.14 (104分)
5	2010.10.17 (82分)	2010.10.31 (77分)	2010.10.31 (57分)	2010.9.26 (55分)
6	2010.11.21 (64分)	2010.12.18 (72分)	2010.11.21 (83分)	2010.10.31 (90分)
7	2010.12.26 (100分)	2011.1.29 (61分)	2011.1.15 (70分)	2010.11.27 (70分)
8	2011.2.20 (86分)	2011.2.27 (101分)	2011.3.12 (81分)	2010.12.26 (74分)
9	2011.3.12 (69分)	2011.3.21 (73分)	―	2011.1.30 (73分)
10	2011.4.30 (84分)	2011.4.24 (81分)	―	2011.3.6 (78分)
合　計	10回 (835分)	10回 (800分)	8回 (608分)	10回 (771分)

(3) 分析方法

インタビューで得られたデータは，ナラティブ・アプローチのひとつである Holistic-Content Perspective を用いて分析する。具体的な手順は次の通りである。①各回のインタビューについて，データ全体に目を通す，②語り手がうまく語れなかったことや矛盾する点などに注意を払い，印象に残った内容や，特徴的なナラティブを書き出す，③ナラティブの中からとくに着目すべきテーマを決める，④着目するテーマの箇所がわかるように印を付ける，⑤着目したテーマの語り始めと終わり，変わり目や語られた文脈などに注目し，ナラティブ全体のテーマを導き出す。

データは前節で提示したように，保育者自身の状況の捉えの変化のプロセスと，それに基づく実践に取り組む姿勢の変容のプロセスに着目して分析する。新任保育者の「状況の捉えに関するナラティブのテーマ」と「実践に取り組む姿勢に関するナラティブのテーマ」を生成し，それらを時系列に並べる。

なお，探究的省察は，問題の気づきがあってから，その問題を解決・改善していくための観念が生成されるかどうかが鍵となる。観念の生成がなければ，実践に取り組む姿勢の変容に至らないからである。そこで，本研究では，新任保育者の探究的省察のプロセスをより明示的に捉えるため，問題の気づきまでをⅠ期とし，その気づきに基づいて観念の生成がなされたところからⅡ期として分析する。

4．新任保育者の探究的省察のプロセス

インタビューデータを分析した結果，新任保育者のAさん，Bさんはリアリティ・ショックを受けたあとに，問題の気づきがあり，それに基づいてある観念が生成され，それを転機として彼らの実践に取り組む姿勢が変容していった。これに対してCさんは，リアリティ・ショックを受けたあとに，問題の気づきはみられたものの，実践に取り組む姿勢の変容をともなう観念の生成には至らなかった。

以下では，Aさん，Bさんについては，それぞれが受けたリアリティ・ショックと，その後の問題の気づきと観念の生成，そしてそれを転機として生じた実践に取り組む姿勢の変容を時系列で説明する。Cさんについては，問題の気づきがどのようなものであったかを示すとともに，その問題を抱えながらどのようにして日々の保育に取り組み1年を過ごしたのかを記述する。

　なお，□□□は新任保育者の状況の捉えに関するナラティブのテーマ，『　』は実践に取り組む姿勢に関するナラティブのテーマを示す。また，≪　≫は，前章（研究2）で示した，新任保育者がリアリティ・ショックを受けた内容に関するカテゴリーを表す。「　」は語り手のナラティブの引用，（　）は筆者による補足である。

（1）Aさんの1年目

　Aさんのナラティブを見ていくと，問題の気づきがみられるまでのⅠ期は，4月から8月までであった。ただし，その中でもAさんの状況の捉えは変化し続けており，1年目4・5月（Ⅰ期-1）と，6月（Ⅰ期-2），7・8月（Ⅰ期-3）では少しずつナラティブのテーマが変容した。同様にⅡ期も，9月〜11月（Ⅱ期-1），12月〜3月（Ⅱ期-2），2年目4月（Ⅱ期-3）の3つに分けることができた。

　Aさんの状況の捉えと，それに基づく実践に取り組む姿勢のそれぞれについて，各時期に生成されたテーマを時系列に並べ，Aさんの探究的省察のプロセスとして図7-1に示す。これを概観すると，Aさんの場合は，職について間もない時期はリアリティ・ショックの渦中にあり，なにをするにもいっぱいいっぱい，なにをすれば良いのかわからなくてパニック状態，とにかく不安，自分のできないことが見えてきて苦しいと語っていた。やがて，それらは「しなければいけない」と自分で自分の首を絞めていたことによって生じていた問題であったと気づいた。そして，この問題を改善していくための観念として，自分が主語から子どもが主語へという観念が生み出された。

　そして，これを転機として，Aさんの実践に取り組む姿勢は，『まず子どもの気持ちを考える実践』，『子どもが楽しい実践』へと変容していった（図中のⅡ期の

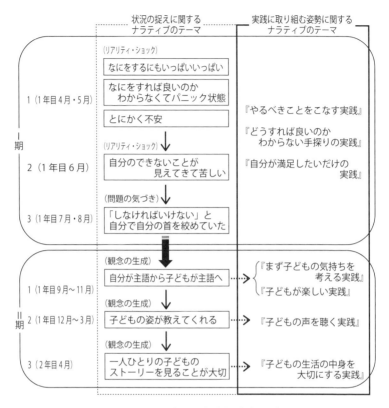

図7-1 Aさんの1年目の探究的省察のプロセス

左欄から右欄への矢印を参照)。以下ではこのことを時期ごとに詳しく追っていく。

① I期（リアリティ・ショックから問題の気づきまで）
I期−1（1年目4月・5月）

　入職直後のAさんのナラティブからは，自らがおかれている状況への混乱がみられた。初めて幼稚園という職場で働くことになったAさんは，《園の方針は受け入れなければならない》，《先輩保育者とうまくかかわるのは難しい》ことに対してリアリティ・ショックを受けた。また，Aさんは幼稚園での生活に「慣れていない」ために一つひとつの仕事をこなしていくのに時間がかかり，《仕事

に追われて心身ともに休まらない≫ことにもリアリティ・ショックを受けていた。このため なにをするにもいっぱいいっぱい , なにをすれば良いのかわからなくてパニック状態 にあった。

　この時のAさんの実践に取り組む姿勢は，担任として『やるべきことをこなす実践』をしていくことで精一杯であった。また，幼稚園での一日を「とにかく無事に終える」ことが求められ，『どうすれば良いのかわからない手探りの実践』で，自分の実践が子どもの育ちにおいてどのような意味をもつのかということを吟味できないまま，怒涛のように毎日が過ぎていった。

　そのような状況の中で，Aさんは「もっと一人ひとりの子どものことが知りたいのに，それができていなくてこれではだめだ」と，≪子どものために何もできていない≫という現実に直面してリアリティ・ショックを受け，自分のしていることが「良いのかわからなくて，正解がわからない」まま「毎日をやっていくのに必死」であることに， とにかく不安 を感じていた。

Ⅰ期－2（1年目6月）

　入職後2ヵ月がたち，Aさんは保育者としての「生活に慣れて」きた。だが，そのことによって，自身がおかれている状況を客観的に捉えられるようになり，≪担任としての責任が重すぎる≫ことに対してリアリティ・ショックを受けた。

　この時期のAさんは，担任として「しっかり子どもたちを育てていかないといけない」にもかかわらず，「うまくいかないことばかり，思い通りにならないことばかり」で，具体的になにをすべきか，解決の糸口が見えず， 自分のできないことが見えてきて苦しい と訴えた。

Ⅰ期－3（1年目7月・8月）

　1学期が終わる頃になると，自分の苦しみがなにによって生じているかがわかってきた。Aさんは，保育者として自分が，「子どもたちのためにやらなければいけない」という思いを強く持っていたために， 「しなければいけない」と自分で自分の首を絞めていた という問題に気づいた。つまり，ここでAさんに，問

第7章　新任保育者の探究的省察のプロセス（研究3）　97

題の気づきがあったのである。Aさんはこの時,「子どもたちに変わってほしいのは私が不安だったから」であり,『自分が満足したいだけの実践』だったとも語った。

②Ⅱ期（問題を解決・改善していくための観念の生成と実践に取り組む姿勢の変容）

Ⅱ期-1（1年目9月～11月）

　こうした問題に気づいたことで,Aさんの漠然とした葛藤や苦しみは「前向きな気持ち」へと変わっていった。苦しいと感じていた問題を改善していくために,自分がどのようなことに取り組むべきかが見えてきたからである。Aさんは「"やらなきゃいけない"っていうのから離れて,やっぱり"子どもが楽しい","これやって楽しい"っていう経験」を大切にしたいと語るようになった。

　それには,一緒にクラスを担当している副担任の保育者との日常的なやりとりが影響している。Aさんはその保育者に「"こんなことやりたいんです"って言うと"こうしたらどうかな"って案を出してくれて。やってみて,子どもたちがすごい楽しんでいて,遊びが盛り上がっていくのを何回も見ていくうちに」,「子どもの気持ちを考えるようになった」と語った。その結果,Aさんに 自分が主語から子どもが主語へ という,問題を解決・改善していくための観念が生成されたのである。これを転機として,実践に取り組む姿勢は『まず子どもの気持ちを考える実践』,『子どもが楽しい実践』へと変わっていった。

Ⅱ期-2（1年目12月～3月）

　2学期が終わる頃になるとAさんには, 子どもの姿が教えてくれる という新たな観念が生成された。子どものことを理解するためには「子どもと一緒にたくさんの時間を過ごすことが必要」で,その時間の中で「子どもがいっぱい気持ちを伝えてくれる」ため,Aさんは『子どもの声を聴く実践』を大切にするようになった。

　また,この新たな観念が生成されたことで,Aさんは保育者としての喜びや手ごたえを感じるようになった。「子どもの姿を見て」Aさんがこれまでやってき

た実践が,「ちゃんとつながっているんだと思うとおもしろくなってきて」,保育者としてやっていくことをポジティブに捉えられるようになっていった。

Ⅱ期－3 （2年目4月）

2年目の4月にAさんは1年目を振り返り,幼稚園の保育者は「やらなきゃいけないことがいっぱいあって,最初はやらなきゃと思って,作業をこなすっていう感じだったけど,今は名前書くのも,その子のことが頭に浮かんで,仕事の全部が子どもたちへの愛情」だと語った。子どもの姿が教えてくれることを読み取り,受けとめるだけでなく,一人ひとりの子どものストーリーを見ることが大切だと考えるようになった。これが新たな観念となり,Aさんの実践に取り組む姿勢は,『子どもの生活の中身を大切にする実践』へと変容を遂げた。Aさんによれば,「子どものストーリーは毎日の生活の中で作られる」ものであるから,生活の中身を大切にしていきたいという思いに至ったということである。

(2) Bさんの1年目

Bさんの1年余りのナラティブについて,Ⅰ期を細かく見ていくと,4月（Ⅰ期－1）,5月（Ⅰ期－2）,6月（Ⅰ期－3）に分けることができた。Ⅱ期は7月・8月（Ⅱ期－1）,9月～3月（Ⅱ期－2）,2年目の4月（Ⅱ期－3）に分かれた（**図7-2**参照）。

Bさんの探究的省察のプロセスを概観すると,リアリティ・ショックを受けてなにをどうすれば良いかわからないととまどい,不安や失敗できない緊張,どうすればここから抜け出せるのかわからない葛藤を抱え,それを経て子どもの姿が見えていないという問題の気づきに至った。そして,この気づきに基づいて子どもが楽しいことが一番という観念を得たことを転機として,『子どもと一緒に楽しむ実践』に変容した。さらに子どもの興味はいろいろという観念が生成されて,その観念に基づいて,子どもも自分自身も長いスパンで変わっていくという,新たな観念の獲得へとつながっていった。以下,Bさんのプロセスを詳しく見ていく。

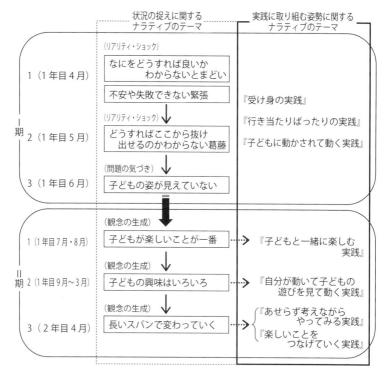

図7-2　Bさんの1年目の探究的省察のプロセス

①Ⅰ期（リアリティ・ショックから問題の気づきまで）

Ⅰ期－1（1年目4月）

　Aさんと同様に，Bさんも入職直後の時期は先を見通して要領よく仕事を進めていくことができなかった。なかなか仕事が終わらず，≪仕事に追われて心身ともに休まらない≫という現実に直面してリアリティ・ショックを受け，なにをどうすれば良いかわからないとまどいを抱えていた。

　この時期，Bさんにとっては「毎日を無事に過ごす」ことが一番の課題であった。子どもたちのことは，自分が「やらなければいけないことの次のこと」で，子どもたちと一緒にいられることには「単純にうれしい」，「かわいいな」という気持ちをもっていた。目の前の「やらなければいけないこと」に取り組むという

『受け身の実践』で，常に「ぼやっとしながらやってる感じ」の『行き当たりばったりの実践』の毎日であった。その一方で，≪担任としての責任が重すぎる≫ことに対してリアリティ・ショックを受け，担任としてこれで良いのかわからない 不安や失敗できない緊張 を抱いていた。

I期−2（1年目5月）

5月になるとお弁当の時間を含めた一日保育が始まった。Bさんは仕事の「時間配分」の仕方に慣れていないため，「子どもに翻弄される」毎日で，担任として≪子どものためになにもできていない≫ことにリアリティ・ショックを受けた。「"先生"って呼ぶ子とか，お弁当を食べるのとかが遅い子にずっと付きっきりになっちゃってて，それ以外の子たちのことがあんまり見れてないなぁって思う」にもかかわらず，「その繰り返し」の毎日だった。まるで『子どもに動かされて動く実践』であったが， どうすればここから抜け出せるのかわからない葛藤 を抱えていると語った。

I期−3（1年目6月）

6月になるとBさんは，「最初よりは自分の仕事にだんだん慣れてきて，自分のペースがつかめるようになってきた」。この時期にBさんには， 子どもの姿が見えていない という問題の気づきがあった。この気づきを得たことによって，「"先生"って呼ぶ子を残して自分が他のところには行けない」という思いと，「かかわってない子」，「見えてない子」とかかわりたいという思いとの葛藤などについて，他の保育者に相談することができるようになった。

クラスに配属されていないフリーの保育者がBさんのクラスに入った時に相談してみると，その保育者から「そういう時は私がクラスにいるから，先生は他の子どもと遊びに行って大丈夫」という言葉をかけてもらい，お願いすることができるようになった。これをきっかけに「かかわってない子」とかかわってみると，クラスの「子どもたち一人ひとりがだんだんわかって」きて，「今まで一緒に過ごしてきたけど，一緒にいただけだった」ということにも気づくことになっ

た。

②Ⅱ期（問題を解決・改善していくための観念の生成と実践に取り組む姿勢の変容）
Ⅱ期－1（1年目7月・8月）

　この時期になると，フリーの保育者と連携をとりながら，Bさんは子どもたち
と意識的に，積極的にかかわりをもつようになった。Bさんは，「最初は子ども
とかかわるために，なんの遊びをしようか，なにをやるかってことばっかり」で
あったが，この時期になるとなにをしようかは「頭にあるんですけど，でも子ど
もが"今日はこれをやりたい"ってなったら，そこに入って一緒に盛り上げて楽
しめればいいかな」と考えるようになり，子どもが楽しいことが一番だという思
いに至ったと語っている。問題を解決・改善していくための観念が生成されたの
である。これを転機として，Bさんの実践に取り組む姿勢は「先生も自分（子ど
も）たちと一緒にいて楽しいんだなっていうのを感じてもらうために」，『子ども
と一緒に楽しむ実践』をするように変わっていった。

Ⅱ期－2（1年目9月～3月）

　幼稚園に勤めて半年ほど経つと，Bさんはさらに新たな観念の獲得に至った。
子どもの興味はいろいろであるため，それに応じたかかわりを大切にしたいと
いうことが，2学期から3学期を通じて，Bさんの大きなテーマとして立ち現わ
れたのである。この観念をもつことによって，今日の遊びの様子を見て「明日な
にをやろうかな」と考えたり，子どもたちの興味や遊びは「予測しても裏切られ
る」こともあるため，「子どもたちの興味のあることを考えながら」その都度遊
びやかかわりを決めていく，『自分が動いて子どもの遊びを見て動く実践』へと，
実践に取り組む姿勢の変容がみられた。

Ⅱ期－3（2年目4月）

　1年目を振り返り，Bさんは，1年間を通じて子どもとかかわってきたことで
「子どもとの絆」が強くなったことを実感していた。Bさんは，これまでは「な

んか私が担任で申し訳ないと思いながらやってきたけど，今までやってきたことはこれから活かしていけるのかな」と振り返り，子どもも保育者自身も 長いスパンで変わっていく という新たな観念が生成された。この観念を得たことでBさんの実践は『あせらず考えながらやってみる実践』，1年を通じて子どもの『楽しいことをつなげていく実践』へとさらに変容を遂げた。

　また，Bさんは1年間の流れがわかり，あせらずに少し「ゆったり構え」て，子どもに「もっとこんなおもしろいことがあるんだよ」ということを「たくさん発信していきたい」から，「子どもと一緒に成長」していきたいと述べた。

(3) Cさんの1年目

　Cさんは，リアリティ・ショックを受けたあとに，問題の気づきはみられたものの，実践に取り組む姿勢の変容をともなう観念の生成には至らなかった。Cさんの得た問題の気づきとは， 作業に追われている というものであった。以下では，Cさんの1年目のナラティブを時系列でみていきたい。

　Cさんも，職に就いて間もない4月，5月の頃は，「すべてが初めて」のことで，さまざまなことにリアリティ・ショックを受けていた。Cさんは一人で担任をしているため，自分自身の子どもへのかかわりが「本当にこれでよかったのかいつも不安」を感じていた。「この時間になったら，これをしなければいけないっていう活動もあるので，時間に追われて」おり，時間通りに活動を進めることができない時は，できない自分自身にも子どもにも「イライラ」してしまって「葛藤」することがあると語った。

　6月頃になるとCさんは，幼稚園での生活には慣れてきたが，あらたな行事の準備に次々に追われるようになっていった。この時のインタビューで，Cさんは，プールや夏の行事，秋の行事の準備など「どんどん新しいことが始まってきて」，仕事が「やってもやっても終わらない」と語った。Cさんは，自分の抱えている困難や葛藤が， 作業に追われている という問題から生じていることに気づいたのである。

　ただし，このあとCさんは，このような問題の気づきがあっても，その問題を

解決・改善していくための観念の生成には至らず，実践に取り組む姿勢の変容は
みられなかった。たとえば，7月に行われた夏の行事について，Ｃさんは「作業
に追われて，子どもと一緒に遊べなかった」と述べた。「6月後半から切羽詰まっ
ていて，それですごい作業に追われて」いたが，それでも準備が終わらなかった
ため「月曜日から日曜日まで一週間まるまる幼稚園」に行くことになり，子ども
の「自由遊びの時間帯が（Ｃさんの夏の行事の）作業する時間」にあてられた。

　2学期，3学期に入っても，インタビューの中でＣさんは 作業に追われている
ということを繰り返し語った。2学期，3学期は運動会や遠足，発表会などの行
事が続いた。勤務先の幼稚園では，「行事だと保護者の方も見に来られるので，
それなりの完成したものを見せなきゃいけないっていう雰囲気」があり，Ｃさん
は完成まで「もっていかないといけない，引っ張っていかないといけないプレッ
シャー」を感じていた。行事はその日までに「間に合わせないといけない，時間
との勝負」であった。2学期，3学期に行われたインタビューでＣさんは，それ
ぞれの行事のための「準備が本当に大変」で「やってもやっても終わらない感
じ」だと語った。

　とくに2学期に行われた行事の準備は大変なもので，「本当に終わらないと
思って」，「家族総出で手伝ってもらった」。2学期終了後の1月に行ったインタ
ビューでＣさんは，2学期を振り返り，「大変過ぎて，なんでこんなことやって
いるんだろう，なんでこんなに大変なんだろうと思って」，自分自身の保育者に
ついて抱いていたイメージが「甘かったのかもしれない」と語った。また，行事
があることで，子どもたちの活動は「練習メインで息抜きにちょっと遊び」とい
うものであった。Ｃさんは，遊びの時間も「やらないといけない準備に追われ
ちゃって，子どもだけでその時間を遊ばせてしまって」いることに，「子どもた
ちと一緒に遊ぶ時間が持てなくて，そういう余裕がなくて，子どもたちに申し訳
ないと思って」いた。

　作業に追われている という問題を捉えていたＣさんは，その問題に対して，
「こなしていくしかない」，「従うしかない」と語った。7月のインタビューの際に，
Ｃさんは，「朝は来てしまうので，一日をこなしていくしかない」，「やっていくし

かない」と語った。3月のインタビューでもCさんは1年を振り返って,「行事が
こんなにも大変」な幼稚園のやり方に疑問を抱くことはあるが「従うしかない」
と語った。

　作業に追われているという問題を抱えながらも,新任の1年間を過ごすことが
できた理由について,Cさんは「職場の先生たちの雰囲気がすごく好き」で「一
緒にいるとすごく楽しくて」,「仕事は大変だけど,なんとかやってこれた」と
語った。また,行事は大変だが,「終わった後に本当にこの子たちとがんばって
よかったなっていうのが味わえるので,大変ですけどやっぱり充実していて幸
せ」だとも述べた。

5．新任保育者の探究的省察を促す要因

　以上のように3名の新任保育者の1年を見ていくと,いずれも職務に熱心に従
事していたが,探究的省察のプロセスをたどるか,あるいはそうしたプロセスが
明示的に生じないままになっているかで,実践に取り組む姿勢は大きく異なって
いることがわかる。なぜこのような違いが生じたのだろうか。どのような要因
が,新任保育者のリアリティ・ショックを契機とした探究的省察を促したのだろ
うか。この課題について,再度3名のインタビューデータに基づいて考えてみた
い。なお,ここではAさん,BさんとCさんに加えて,就職後3年で退職するこ
とになったDさんのケースについても適宜参照していく。

(1) 時間的余裕

　前節で示したAさん,Bさんの探究的省察のプロセスからわかるのは,リアリ
ティ・ショックを経て問題の気づきがみられるまでに,保育者としての生活や仕
事に慣れるための一定の時間が必要なことである。ただし,慣れるまでの時間が
あれば,誰もが問題の気づきから観念を生成し,実践に取り組む姿勢が変容して
いくわけではない。仕事に慣れた後に,自分のすべきことだけに追われず,子ど
もとじっくりかかわり,子どもと向き合う時間的な余裕をもてることも必要であ

る。以下ではこの2点について詳しくみていく。

①保育者としての生活や仕事に慣れるまでの時間の確保

　前章（研究2）でも見てきたように，新任保育者にとって職に就いた直後は，リアリティ・ショックを受け，自分自身が職場での生活や仕事に慣れることで精一杯の時期である。Aさん，Bさん，Cさんの個別のナラティブからも，最初は「すべてが初めて」，「わからない」，「慣れない」という中で「いっぱいいっぱい」になるとともに，担任としてすべきことを覚え，それらをこなしていくという日々であったことがわかる。そして，6月頃になると，3名はともに保育者としての毎日に「慣れてきた」，「すこし余裕が出てきた」と語った。このように，就職直後の新任保育者の最初の大きな課題は，彼ら自身が職場での生活や仕事に慣れることであり，そのためには一定の時間を必要とする。この慣れるまでの時間が確保されることで，彼らは自身がおかれている状況を客観的に捉えることができるようになり，その状況において自らが解決・改善すべき問題に気づくようになった。

②子どもとじっくりかかわるための時間的余裕

　その後，Aさん，Bさんはその問題を解決・改善していくための観念を得られたのに対して，Cさんはそのような観念の生成には至らなかった。彼らのナラティブに基づけば，仕事に慣れてきたあとの時期に，子どもとかかわる時間を十分にもつことができたかどうかが，この違いに大きくかかわっていた。たとえばAさんは，自分が提案した遊びの中で，子どもたちの遊びが盛り上がっていく場面を何回も見ることによって子どもの気持ちを考えるようになり，自分が主語から子どもが主語へという観念を生成した。また，Bさんはフリーの保育者と連携し，子どもたちと積極的にかかわっていくようになったことで，子どもが楽しいことが一番という観念の生成につながっていった。

　これに対して，Cさんは，仕事に慣れたあとも，子どもとじっくりかかわるための時間を十分にもてなかった。Cさんは行事の準備というさらに新しい仕事を

抱え，それに追われることになったのである。このため，Cさんは常に行事の準備に追われ，子どもとかかわることができず，「子どもたちと一緒に遊ぶ時間がもてなくて，そういう余裕がなくて，子どもたちに申し訳ない」という気持ちをもち続けることになった。

なお，AさんやBさんも，Cさんと同じように，それぞれ幼稚園の行事があり，行事の数についてはCさんが特別多いということではなかった。しかし，Cさんは，勤務先の幼稚園の行事に対する方針によって，これほどまでに行事の準備に追われることになったのである。前節で示したように，Cさんの勤務先の幼稚園では，「行事だと保護者の方も見に来られるので，それなりの完成したものを見せなきゃいけないっていう雰囲気」があった。こうした雰囲気がある中で，「行事に関しては，いかに園長先生とかが好む感じに仕上げられるか」ということが，Cさんが行事に取り組むうえでの課題となった。このため，Cさんは，行事の日までに「間に合わせないといけない，時間との勝負」に追い込まれ，常に「作業に追われていた」のである。

(2) 先輩保育者との日常的なやりとり

以上のことに加えて，先輩の保育者との日常的なちょっとした時間のやりとりが，新任保育者の探究的省察を促す役割を担っていた。Aさんにとっては同じクラスの副担任の保育者との，Bさんにとってはクラスに配属されていないフリーの保育者との，日常的なちょっとした時間でのやりとりが，子どもの理解を深めたり，実践のヒントを得る機会となり，これを通じて新たな気づきが導かれていた。それでは，そのやりとりとは，具体的にどのようなものなのだろうか。

①日常的なちょっとした時間でのやりとり

Aさん，Bさんのナラティブを見ていくと，彼らにとって，先輩保育者との日常的な「ちょっとした時間」でのやりとりが，いろいろなことを話したり，相談できる機会となっていた。次に示す6月に行ったインタビューで，Aさんは，「子どもたちが帰った後と，来る前の登園の時に結構時間があるので，その時に副担

任の先生とお話をして」いるのだと語った。そして，その時は「お互いに」子どものことなど一日の報告を行ったり，「笑いながら」その日にあったことを話すということだった。

　子どもたちが帰った後と，来る前の当園の時に結構時間があるので，その時に副担任の先生とお話をして。トイレの時の失敗も，持ち帰るので誰が失敗したかはわかるんですけど，どういう失敗の仕方をしてしまったとかは，ちょっと私には把握できないので，"今日，○○くん，ぬれちゃったみたいなんですけど，どんな感じだったんですか？"みたいなふうにお聞きしたり。あとは見ていないところでケガの対応をしてくれたりもあるので，報告じゃないんですけど，お互いに"こういうことがありました"みたいな。もう本当に笑いながらですけど，笑い話みたいなのをそこでして。"こんなこと今日言っていたよ"みたいな感じでいっているぐらいなんですけど。　　　　　　　　　（Aさん：6月）

　10月に行ったインタビューでも，副担任の保育者とのやりとりについての言及があった。Aさんは，「子どもたちが帰った後とかのちょっとした時間」が副担任の保育者といろいろなことを話せる「すごい貴重」な時間だと語った。具体的には，副担任に「"これがあるんですけど，どうしたらいいですかね？"とか"こういうのは3歳に向いていますか？"とか2人で相談」して，保育の内容を考えるのだという。そして，相談して決めたことを「実際にやってみて子どもたちの姿を見ると，予想外の遊び方をしたりとかして，"へぇ，こういうことするんだ"とか発見」があって，それが「おもしろい」と語った。

　子どもたちが帰った後とかのちょっとした時間なんですけど，そういう時にいろいろその日のこととか，"こういうのを作ってみたら？"とか話せて。この間もたくさん廃材をもらったりして，"じゃあ，プリンカップがいっぱい集まったから，マラカスを作ってみる？"とか（副担任の）先生が提案してくださって。本当になんでもおもちゃになるんだなというのを。（副担任の）先生に"これがあるんですけど，どうしたらいいですかね？"とか"こういうのは3

> 歳に向いていますか？"とか2人で相談しながら。そういう時間がすごい貴重
> ですね。そうやって，実際にやってみて子どもたちの姿を見ると，予想外の遊
> び方をしたりとかして，"へぇ，こういうことするんだ"とか発見でおもしろ
> いです。
>
> （Aさん：10月）

　また，Bさんもフリーの保育者とのやりとりについて，しっかりと時間をとっ
て「話す時間みたいなのはとくにはない」ため，ちょっとしたことであれば，降
園時間の後の「職員室の掃除」をしている間に「聞いたり，相談したり」するの
だと語った。「職員室に集まって座っちゃうと堅い話しかできない」という雰囲
気があり，「そういう中だとちょっとしたこととかだと話しにくい」のだとも述べ
た。

> 　話す時間みたいなのはとくにはないので。終わった後とかに。フリーの先生
> はバスに乗らないので，いつも職員室の掃除とかしてたりとかするので，その
> 間にちょっとしゃべったりとかですかね。そうですね。ちょっとしたことだっ
> たらそういう掃除の時間とかに聞いたり，相談したりとか。職員室に集まって
> 座っちゃうと堅い話しかできないというか，職員室の雰囲気もあるんですか
> ね。職員室で座っちゃうと仕事を一生懸命してたりしてる先生もいたりするの
> で。そういう中だとちょっとしたこととかだと話しにくいっていうのもあるの
> で。
>
> （Bさん：8月）

　以上のAさん，Bさんのナラティブから，朝の登園時間前や，降園時間後など
のちょっとした時間に，彼らは先輩保育者とのやりとりを日常的に行っていたこ
とを読み取ることができる。また，ちょっとした時間であるからこそ，保育の中
での「笑い話（Aさん）」や「ちょっとしたこと（Bさん）」についてやりとりをす
ることができたのだと思われる。

②先輩保育者とのやりとりを通じた新たな気づきの獲得
　この先輩保育者とのちょっとした時間のやりとりは，新任保育者にとってどの

ような意味をもっているのだろうか。もう一度 A さん，B さんのナラティブを見ていくと，まず A さんは副担任の保育者とのやりとりについて，次のように語っていた。

> 　副担任の先生が，私が"こんなことやりたいんです"って言うと"こうしたらどうかな"って案を出してくれて。やってみて，子どもたちがすごい楽しんでいて，遊びが盛り上がっていくのを何回も見ていくうちに，やっぱりそうやって先生が子どもたちの興味に気づいてやっていくと，ちゃんと子どもたちの反応が返ってくるんだなというのが自分の中で気づいてきたというか。それで子どもの興味とか，子どもの気持ちを考えるようになった。（A さん：9 月）

　A さんは，自分が「こんなことやりたい」と思うことを副担任の保育者に話したことで，さまざまなアドバイスをもらうことができた。そして，それをふまえて実際に実践してみて，子どもたちの遊びが盛り上がっていく場面を何回も見て，「子どもの気持ちを考えるようになった」と語った。

　また，前節で述べたように，B さんは 6 月になって 子どもの姿が見えていない という問題に気づき，「かかわってない子」，「見えてない子」とかかわりたいという思いが生じた。その時に，クラスに配属されていないフリーの先輩保育者が相談相手になってくれて，その保育者から「そういう時は私がクラスにいるから，先生は他の子どもと遊びに行って大丈夫」という言葉をかけてもらい，お願いすることができるようになった。そして，そのことをきっかけとして，B さんは「かかわってない子」とかかわることができるようになった。

　以上の A さん，B さんの先輩保育者とのやりとりは，いずれもフォーマルな打ち合わせの時間に行われたものではなく，上述したような，ちょっとした時間に行われたやりとりである。これらのやりとりからわかるように，ちょっとした時間であっても，そこでのやりとりは単なるおしゃべりではない。A さん，B さんにとって彼らが保育実践を行っていく際に欠かすことのできないやりとりである。そして，こうしたやりとりを通じて彼らは新たな気づきを得たのである。

110

これまで見てきたように，新任保育者にとっては，その日1日の保育をどうして
いくか，明日の保育をどうしていくかが大きな課題であった。また，子どもと
かかわっている最中にもどうすればいいかわからずに，とまどい，迷うことが
次々と生じた。Aさん，Bさんにみられるように，先輩保育者とのちょっとした
時間のやりとりは，新任保育者が先輩保育者から具体的な子どもの姿や保育場
面に応じてアドバイスを得られる機会となっていた。新任保育者にとって，その
ようなやりとりが重要なのは，先輩保育者のアドバイスが，自らの実践の指針と
なるからである。また，とまどい，迷うことの多い新任保育者が，その時に感じ
ていること，聞きたいことを自由に話せる機会であるからこそ，フォーマルな打
ち合わせの時間ではなく，ちょっとした時間での先輩保育者とのやりとりが彼ら
の新たな気づきを促したのだといえる。

③やりとりを支える「見てくれている」関係

先輩保育者と以上のようなやりとりができたAさん，Bさんは，先輩保育者の
ことをしばしば「見てくれている」と語った。たとえば，次のAさんのナラティ
ブはその一例である。副担任の保育者は，Aさんが「やってみたいっていう気持
ちを一番に」尊重してくれていて，実践の後にはアドバイスをしてくれるのだと
いう。この中で，Aさんは，副担任の保育者のことを「"やりたいようにどう
ぞ"っていうので終わりじゃなくて，それをちゃんと見守って見てくれて」いる
と語った。

（副担任の先生は）すごく私に任せてくれる部分が，すごく大きいんですよ。
…まずは私のやりたいようにやらせていただけるというか。そうですね。やっ
てみて"あぁ，失敗しちゃったな"と自分で気づくと，なんとなく先生が声を
かけてくださって。"ここはもうちょっとこうした方がよかったかもね"と言っ
ていただけたり。私がやってみたいっていう気持ちを一番にしてくれて，"や
りたいようにどうぞ"っていうので終わりじゃなくて，それをちゃんと見守っ
て見てくれていて。　　　　　　　　　　　　　　　　　　　　　（Aさん：12月）

これと同様にBさんのナラティブの中にも，同じフレーズが登場する。次の2つのナラティブはその例である。Bさんは，職に就いて間もない5月に行った最初のインタビューで，まわりの先生に恵まれていると語った。一つひとつの仕事をこなしていくのに時間がかかってしまうBさんの様子を「見てくれて」いて，声をかけてくれることを「ありがたい」と述べた。

> 　本当にまわりの先生には恵まれて。その（同じ学年の）リーダーの先生も，私がやっぱり色々やるにも時間がかかっちゃうので，結構様子を見てくれてて。"帰るけど，なにかわからないことある？"とか一言声をかけて聞いてくれたりとかして。すごいちょくちょく見てくれたりとか。様子見てくれたりして，ありがたいです。すごいいい先生ですね。　　　　　　（Bさん：5月）

　また，8月のインタビューでは，フリーの保育者がBさんのクラスのことを「見てくれて」いると述べた。

> 　フリーの先生が"先生はこっちやってて大丈夫だよ"みたいな，"部屋にいて大丈夫だよ。外の子は集めてくるから"とか，その時の状況を見てくれてて，声をかけてくれて。私が大変になっちゃっているなとか，そういう時とかに，すごくサポートしてくれて。すごく見てくれてますね。"一緒にやろうね"とかいう言葉じゃなくても，本当に一緒に保育を作ろうとしてくれてるんだなって思います。　　　　　　　　　　　　　　　　　　　　　（Bさん：8月）

　この「見てくれている」という表現にはどのような意味が込められているのだろうか。Aさん，Bさんのナラティブを振り返ってみると，彼らの「見てくれている」という表現からは，先輩保育者が自分たちのことを「見守ってくれている」という意味や，先輩保育者から支援されているという彼らの安心感を読み取ることができる。たとえば，Aさんは，見てくれているということを語る時に，副担任の保育者が「ちゃんと見守って見てくれて」いるという言い方をしていた。
　また，Bさんは先の5月のインタビューにおいて，一つひとつの仕事をこなし

112

ていくのに時間がかかってしまうBさんの様子を先輩保育者が「見てくれて」いて，そのことを「ありがたい」と述べていた。先輩保育者がその時々のBさんの状況を「見てくれて」いて，「すごくサポートして」くれるのだとも語っていた。8月のインタビューでは，「見てくれて」いるということについて，「"一緒にやろうね"とかいう言葉じゃなくても，本当に一緒に保育を作ろうとしてくれてるんだなって思います」と語っている。こうしたBさんのナラティブを見ていくと，先輩保育者が「見てくれている」ことに対して，Bさんが安心感をもって受けとめていることがわかる。Bさんにとって，「見てくれている」とは，先輩保育者がBさんのためにサポートしてくれているということと同義であることがわかる。

　このような新任保育者の先輩保育者に対する捉えが，日々のちょっとした時間での先輩保育者とのやりとりを促し，新任保育者に新たな気づきをもたらすこととなっていた。そして，この新たな気づきが，なにをどうすればいいのかわからずとまどうことしかできなかった新任保育者の探究的省察を促していた。

　これに対して，いくつかの事例では，新任保育者が先輩保育者のことを語る際に，先輩保育者から「見られている」という表現が用いられていた。この場合は，彼らが先輩保育者と日常的なやりとりの機会をもつことは難しかった。

　Bさんがインタビューの中で紹介してくれたのは，これに該当する同期の新任保育者の事例であった。Bさんによれば，同じ園に勤める同期の新任保育者は，勤め始めてから間もない5月の時点で，先輩保育者に自分の保育を「見られている」と述べ，「もう辞めたい」と言っているということだった。

> Bさん：怖い先生がいて。同期の子の学年のリーダーの先生で。同期の子はもう辞めたいって言って。…すごい"見てる"というか"見られてる"。なんか"失敗しないか見てるみたいで怖くてつらい"って同期の子は言っていて。その先生はなんでもできる先生なので本当に尊敬するんですよね。幼稚園の先生としては。なんですけどなんかすごい。
>
> 調査者：なんでですかね？

> Bさん：育ってほしいから厳しいって，なんかそういうのとは違うんですよね，
> きっと。そういう感じじゃないと思う。…でも，その先生に聞かない
> とわからないこともあるし。その先生に"これはどうやるんですか"っ
> て聞かないとすごいいやみたいで。他の先生に聞くのをすごいいや
> みたいで。でも，怖いから聞けないっていうので，同期の子がすごい
> 苦労していて。だから，"もう辞めたい"って言ってて。
>
> （Bさん：5月）

　Bさんの同期の新任保育者は「見られている」と述べたあとに，「失敗しない
か見てるみたいで怖くてつらい」と話していた。このことから，この新任保育者
にとっては，「見られている」という表現は，「監視されている」という意味で用
いられていたと思われる。Bさんによれば，同期の新任保育者は先輩保育者から，
失敗しないか見られていることを「怖い」と感じていたために，わからないこと
があっても「聞けない」という状況に追い込まれていたという。

　なお，Dさんのナラティブにおいても，同じクラスを担当する副担任の保育者
や主任保育者から「見られている」という表現が用いられ，Dさんはそのことを
「つらい」と語っていた。以下は，10月に行ったインタビューでDさんが，副担
任の保育者や主任保育者から「見られてるプレッシャー」があると語った箇所の
インタビュー記録である。

> 　保育をしてる時に副担任の先生と主任の先生が話し始める時があって。私は
> それがいやでいやで。たとえ違うことだとしても，私のこと言われてるように
> しか思えなかったりする時もあって。最近は副担任の先生にも気を遣って，主
> 任の先生にも気を遣ってみたいな感じで。いつもその2人から<u>見られてるプ
> レッシャーがあって。</u>それでいろいろ言われちゃうので，いつでも誰かに押さ
> えつけられてるというか。私がなにか言っても，なんて思われるか，なに言わ
> れるか分からないので，最低限の確認とかはして。そんな感じで。のびのびで
> きなくてそれが一番つらいですね。
>
> （Dさん：10月）

Dさんは,「いつも見られてるプレッシャー」があり,「なにか言っても,なんて思われるか,なに言われるかわからない」ため,副担任や主任とのやりとりは「最低限の確認」だと語った。

Bさんの同期の保育者や,Dさんの事例からわかるのは,先輩保育者から「見られている」という表現が用いられる場合は,新任保育者は先輩保育者に聞きたいことや言いたいことを話せなくなってしまうということである。この時,「見られている」とは,「監視されている」という意味で用いられており,新任保育者は見られているプレッシャーを感じていた。このことが,新任保育者が先輩保育者と日常的にやりとりする機会をもつことを難しくしていた。

6. 研究3のまとめ

研究3では,新任保育者(幼稚園教員)がリアリティ・ショックを契機とした探究的省察によって,専門的成長を遂げていくプロセスについて,新任保育者3名を中心に,彼らの1年にわたるインタビューデータを分析した。

Aさん,Bさんの探究的省察のプロセスを概観すると,彼らは大学を卒業後,4月になって実際に新任保育者として働き始めると,最初は初めて経験することばかりの状況に混乱し,保育者の仕事の現実にリアリティ・ショックを受け,とまどうばかりであった。それから仕事に慣れてくることによって,彼らは,自分のとまどいや混乱を生じさせている問題に気づくこととなった。それを経たのちに,さらに子どもとかかわる時間的余裕ができてくると,彼らはその問題を解決・改善していくための観念を生成し,それを転機として実践に取り組む姿勢が変容していった。そして,このプロセスを経ることによって,リアリティ・ショックによる混乱やとまどいは,保育者としてやっていく動機づけや喜びへと変わっていった。

これに対してCさんは,仕事に慣れてきた後も行事の準備に追われて,1年を通じて子どもとかかわるための時間的余裕がほとんどなかった。Cさんも自らのとまどいや混乱ついて,「作業に追われている」という問題の気づきを得るに

至った。しかし，Cさんは，次々と新しいことをこなしていくことが求められたために，その問題を解決・改善していくための観念の生成がなされず，実践に取り組む姿勢の変容には至らなかった。Cさんは探究的省察のプロセスをたどれずに1年目を終えたのであった。それでも1年間を無事に終えることができたのは，担任としての責任感であり，それゆえにCさんは「やるしかない」という気持ちで仕事に取り組んでいた。Cさんは行事を無事に終えたことで「達成感」を得ることができ，そこまでやり遂げた自分自身に対しての手ごたえを得ていた。

　また，新任保育者の探究的省察を促す要因については，時間的な要因と先輩保育者と日常的なやりとりが指摘された。新任保育者が4月に働き始めるようになってから，保育者としての生活や日々の仕事に慣れるまでには一定の時間を要する。それとともに，仕事に慣れてきた時期のあとに，自分のすべきことだけに追われずに，子どもとじっくりかかわるための時間的余裕をもてることが，新任保育者の探究的省察において必要であることが示唆された。

　さらに，先輩保育者との日常的なちょっとした時間に行われるやりとりが，新任保育者の探究的省察を促す重要な要因であることも示された。このようなやりとりができたのは，新任保育者が先輩保育者のことを「見てくれている」と捉えていた場合であった。この「見てくれている」とは，先輩保育者が彼らのことを見守ってくれているという意味や，支援してくれているという意味で用いられていた。このような場合，新任保育者は先輩保育者と日常的にやりとりする機会をもつことができ，その中でさまざまな気づきを得ることができた。一方で，先輩保育者から「見られている」という表現が用いられた場合は，新任保育者は先輩保育者と日常的なやりとりの機会をもつことが難しかった。新任保育者が「見られている」という表現を用いる場合は，先輩保育者から監視されているといった意味が込められていた。このため，新任保育者は，先輩保育者に聞きたいことや言いたいことを話せなくなっていた。

　なお，新任保育者の探究的省察においては，時間的な要因と，先輩保育者との日常的なやりとりの両方が十分に確保される必要がある。たとえば，Cさんにとって，先輩保育者との日常的なやりとりは仕事を続けていくための大きな支え

となっていた。しかし，さまざまな作業に追われ，子どもとじっくりかかわる時間的余裕を十分にもてなかったために，問題を解決・改善していくための観念の生成には至らず，探究的省察のプロセスをたどることが困難となった。また，Dさんの場合は，1年を通じて探究的省察を支える時間的な要因も，先輩保育者との日常的なやりとりのどちらも得られず，探究的省察のプロセスを見出すことができなかった。ただし，CさんやDさんも，AさんやBさんと同様に保育の仕事に精一杯取り組んでおり，仕事に慣れてきた時期のあとに，子どもとじっくりかかわるための時間的余裕や，先輩保育者との日常的なやりとりの機会を得られれば，新たな気づきを得て観念を生成し，実践に取り組む姿勢の変容に至ったかもしれない。

　以上の分析結果から示唆されることは，新任保育者の専門的成長は，単に時間経過の増大によって促されるものではないということである。研究3で，新任保育者に短期間に繰り返しインタビューをしていくことで明らかになったのは，新任保育者の専門的成長とは，リアリティ・ショックを契機として自らがとまどいや混乱を生じさせている問題に気づき，その問題を解決・改善していくための観念を生成し，それを転機として，実践に取り組む姿勢を変容させていくという，動的なプロセスによって成し遂げられるということである。また，このプロセスは新任保育者の努力によってのみ生成されるものではないことも示唆された。

　次章（研究4）では，新任保育者はこの後，2年目，3年目を通じて，さらにどのように専門的成長を遂げていくのかについて検討する。

第8章

2年目，3年目の保育者の
困難や葛藤と探究的省察
（研究4）

1. 2年目，3年目の保育者の探究的省察

　前章（研究3）で示したように，就職1年目の新任保育者は，リアリティ・ショックを契機として問題に気づき，さらにその問題を解決・改善していくための観念を生成することで，実践に取り組む姿勢を変容させていった。ただし，すべての保育者がそのような探究的省察のプロセスを経て専門的成長を遂げたわけではない。保育者のなかには，次々と新しいことをこなすことに追われ，実践に取り組む姿勢に変容がみられなかった者もいた。それでは1年目にこのようなプロセスを経た新任保育者は，その後2年目，3年目を通じて，どのような探究的省察のプロセスにより専門的成長を遂げていったのだろうか。また，そのようなプロセスをたどることができずにいた保育者はその後どうなっただろうか。

　第1章で述べたように，初期キャリアの保育者の危機とは，保育者が保育の仕事をまっとうしようとする際に，それを妨げる障壁に直面し，自らがとりうる解決方法では対処できない状態だと定義される。危機をこのように捉えると，それは1年目の保育者だけに訪れるものではない。2年目，3年目になっても，まだ経験が浅く，さまざまな危機に直面するものと予想される。そこで研究4では，こうした2年目，3年目の危機において保育者が抱える困難や葛藤に着目し，それらの困難や葛藤を契機とした探究的省察のプロセスを検討することによって，彼らがどのようにして専門的成長を遂げていったのかを明らかにする。

2．研究方法

（1）調査対象者

　調査対象者は，研究3で対象とした4名の保育者（幼稚園教員）のうち，Aさん，Bさん，Cさんの3名である。Dさんは3年目を終えた時点で退職することになったため，研究4の分析からは除外した。Aさん，Bさん，Cさんの3名の2年目および3年目の配属クラス等のプロフィールは，以下に示す**表8-1 ～表8-3**の通りである。

表8-1　Aさんのプロフィール（就職2年目，3年目）

	配属クラス	クラス数 （幼児数）	職　務	クラス担任の構成
2年目	4歳児	4クラス （各25名程度）	担　任	担任1名（Aさん）
3年目	5歳児	4クラス （各25名程度）	担　任	担任1名（Aさん）

表8-2　Bさんのプロフィール（就職2年目，3年目）

	配属クラス	クラス数 （幼児数）	職　務	クラス担任の構成
2年目	3歳児	4クラス （各20名程度）	担　任	担任1名（Bさん）
3年目	4歳児	4クラス （各20名程度）	担　任	担任1名（Bさん）

表8-3　Cさんのプロフィール（就職2年目，3年目）

	配属クラス	クラス数 （幼児数）	職　務	クラス担任の構成
2年目	5歳児	4クラス （各30名程度）	担　任	担任1名（Cさん）
3年目	4歳児	3クラス （各30名程度）	担　任	担任1名（Cさん）

(2) 調査方法および時期

　2年目，3年目のインタビュー調査は，学期ごとないし半年に1回程度の割合で，それぞれ1時間から1時間半の半構造化インタビューを個別に実施した。調査時期は，2011年4月から2013年3月までである。2011年4月のデータは研究3と重なるが，研究4ではその中で2年目の4月の経験に関する内容の部分を用いた。各対象者の2年目，3年目のインタビュー調査実施日，インタビュー録音時間を表8-4に示す。保育者3名へのインタビューは，延べ12回，時間は合計で1,079分であった。

　なお，研究3では新任保育者を対象に，なるべく間隔をあけずにインタビューを繰り返したが，それは1年目は何事も初めての経験であり，保育者の状況の捉えはその都度大きく変化することが予想されたためである。これに対して，職場での仕事や生活にある程度慣れてくる2年目や3年目は，1年目ほど状況の捉えが短期間で変化することは少なくなっていくと思われる。そこで，研究4では，2年目から3年目までの2年間のスパンでの保育者の状況の捉えの変化をより的確に把握するために，研究3の調査よりもやや間隔をあけてインタビューを行った。

表8-4　インタビュー調査実施日および録音時間

保育者 年　数	1 Aさん	2 Bさん	3 Cさん
2年目	2011.4.30 （84分）	2011.4.24 （81分）	2011.6.24 （82分）
	2011.8.26 （102分）	2012.2.17 （75分）	2011.10.16 （100分）
	2011.12.18 （81分）	—	—
3年目	2012.6.9 （109分）	2012.6.3 （98分）	2012.8.19 （122分）
	2013.02.24 （59分）	2013.3.24 （86分）	—
合　計	5回 （435分）	4回 （340分）	3回 （304分）

（3）分析方法

研究4の基本的な分析の枠組みは研究3と同じであるため，これに準じることとする。すなわち，研究4では，2年目，3年目の保育者の困難や葛藤を契機とした探究的省察のプロセスを検討するにあたって，彼らはどのような「困難や葛藤」を抱えるのか，それを経てどのような「問題の気づき」があり，どのような「観念の生成」がなされ，その観念に基づいて，どのような「実践に取り組む姿勢の変容」がみられるのかに着目して，データを分析する。

分析方法および手続きについても，研究3に則ってナラティブ・アプローチを採用する。研究4では，インタビューで得られた保育者のナラティブを2年目，3年目と1年ごとに分けて，「状況の捉えに関するナラティブのテーマ」と，「実践に取り組む姿勢に関するナラティブのテーマ」を生成し，それらを時系列に並べる。

3. 3名の保育者の2年目，3年目

分析の結果，Aさん，Bさんについては，2年目，3年目においても新たな困難や葛藤を抱えるが，それを契機として状況の捉えと実践に取り組む姿勢が不断に変容していった。そこで以下では，Aさん，Bさんのナラティブを2年目と3年目に分けて，その年ごとの困難や葛藤を記述したうえで，それを経て問題の気づきがあり，問題を解決・改善していくための観念が生成され，実践に取り組む姿勢の変容に至る探究的省察のプロセスを記述する。

なお，Cさんは1年目において，問題の気づきはあったものの観念の生成がなされず，実践に取り組む姿勢の変容がみられなかった。これと同様に，Cさんのナラティブからは，2年目，3年目においても状況の捉えに関するナラティブのテーマと，それに基づく実践に取り組む姿勢に関するナラティブのテーマを明確な形で生成することはできなかった。このため，Cさんについては，それぞれの年にCさんが抱えていた困難や葛藤に沿って，ナラティブの内容を整理する。

以下の記述では，□□□は状況の捉えに関するナラティブのテーマ，『　』は実

践に取り組む姿勢に関するナラティブのテーマ,「　」は語り手のナラティブの
引用,（　）は筆者による補足を指す。

(1) Aさん

①Aさんの2年目

　Aさんの2年目のナラティブに基づき,状況の捉えと,それに基づく実践に取
り組む姿勢のそれぞれについて生成されたテーマを時系列に並べ,Aさんの2年
目の探究的省察のプロセスとして図8-1に示す。

　Aさんの2年目の探究的省察のプロセスを概観すると,Aさんは,2年目にな
ると受けもつクラスが変わり,そのことによってまた新たな困難や葛藤を抱える
こととなり,『やらない子が一緒にやれるようにする試行錯誤の実践』,『その日
その日のその子の姿に翻弄される実践』をしていた。Aさんは,子どもの姿は自
分の責任というプレッシャー,他のクラスと差ができてはいけないあせり,年
中クラスにふさわしい姿を見せなければいけない葛藤,子どもにやってほしい
最低限のラインをどこにするかの悩みという困難や葛藤を経て,それらがその
子なりのやりたくない理由があることが見えていなかったことによって生じて
いたのだという問題に気づいた。

　この問題の気づきを得て,Aさんは,"やらない子"ではなく"その子なりの
姿"として捉えるという観念を生成し,これを転機として,Aさんの実践に取り
組む姿勢は,『その子に応じてかかわる実践』へと変容した。さらに,Aさんは,
葛藤しているのは私だけじゃないことをわかっていなかったという問題にも気
づき,それによってなるようにしかならないという観念の生成に至り,『その子
の気持ちを一番に考える実践』へと変わっていった。

a. 2年目における困難や葛藤

　2年目になると,Aさんは学年がひとつ上がり,4歳児（年中）クラスの担任に
なった。クラス替えがあったため,ほとんどの子どもは初めて受けもつことに
なった。1年目は,非常勤の副担任の保育者と2人で同じクラスを担当していた

図8-1　Aさんの2年目の探究的省察のプロセス

が，4歳児クラスは1人で担任することとなった。Aさんは，1年目に感じていた「1日その1日の生活の中で，どこまでできるかというあせり」はなくなってきて，「今日はあの子とかかわれなかった」ことを「自分ができなかった」と考えるのではなく，「じゃあ，明日はあの子とかかわろう」と前向きに捉えられるようになった。また，2年目を迎えたことで，保育者として「去年よりも今年はステップアップしたい」，「子どもとのかかわり方一つとっても去年よりも今年はもっと」という思いももっていた。

そのような思いをもって2年目に臨んだAさんは，また新たな困難や葛藤を抱えることとなった。Aさんは初めて1人で担任するようになったことで，「さらにしっかりやっていかないといけない」と1年目とは違った「プレッシャー」を感

じていた。それは，子どもの姿は自分の責任というプレッシャーというものであり，Aさんは，自分がクラスの子どもを「どうにかしなければいけない」という気持ちに駆られた。また，2年目に入ったAさんは，個々の子どもの姿に「気づけるようになってきた」という。しかし，それに続けて，そうなったことで「去年は見えていなかった部分がいろいろ見えてきて，落ち込むことのほうが多くなった」とも述べた。

　さらに，2学期になって運動会や発表会などの園の行事が多くなってくると，Aさんは行事の練習を「やらない子」の姿が「浮き出てきた」と語った。行事ごとの子どもたちの取り組みは「やっぱり形にしなければいけない」とAさんは考えており，他のクラスと差ができてはいけないあせりや年中クラスにふさわしい姿を見せなければいけない葛藤を抱えていた。このため，Aさんは行事までに「やらない子」を「なんとかしなければ」いけないと悩んでいた。その一方で，Aさんはその子のやりたくない気持ちも大切にしたいと思っており，「やってほしい」気持ちとの間で葛藤した。

　この時のAさんは，行事の練習にその子が取り組むように『やらない子が一緒にやれるようにする試行錯誤の実践』をしていたという。やらない子どもの気持ちと毎日向き合わざるを得なくなったAさんは，子どもがやる日もあればやらない日もあるという，『その日その日のその子の姿に翻弄される実践』をしていたと語った。

　3年目の4月のインタビューでも，Aさんは2年目を振り返って，2年目の時は行事の練習などを「やりたくない」という子どもに対して，「どこまで待って，どこまで一緒にやらないといけないのか，その子たちのやりたくない気持ち」もあるため，子どもにやってほしい最低限のラインをどこにするかの悩みをずっと抱えていたと語った。このように2年目のAさんは，「みんなで一緒にやる」というAさんの思いと，「一緒にやりたくない」という子どもの思いとの間で日々葛藤することとなった。

b. 観念の生成と実践に取り組む姿勢の変容

"やらない子"ではなく"その子なりの姿"として捉える

　Aさんは，行事の練習を「やらない子」に翻弄されながらも毎日のかかわりを通して，「やらない」という姿は同じでも，子どもによって，その子なりのやりたくない理由があることが見えていなかったことに気づいた。この気づきによってAさんは，"やらない子"ではなく"その子なりの姿"として捉えるという観念の生成に至った。そして，一人ひとりの子どもにはそれぞれ別のやりたくない気持ちがあるから，『その子に応じてかかわる実践』をしていくことが必要だと考えるようになっていった。

　なお，こうした観念の生成がなされたAさんは，「がんばってね」の一言が「簡単には言えない言葉になった」と語った。その理由についてAさんは，「がんばってね」という一言は，ある子どもには励ましの声となり，やりたい気持ちを後押しするが，別の子どもには，その言葉がプレッシャーになるかもしれないからだと述べた。Aさんは，「どのような言葉をかけるのがその子にとって一番いいのか」ということについて「いつもとても悩む」と語った。

なるようにしかならない

　さらにAさんは，行事の練習をやらない子自身も，やりたくない気持ちと，みんなと一緒にやろうとする気持ちの間で揺れていることがわかってきた。つまり，Aさんは，その子も葛藤しているのであって，葛藤しているのは私だけじゃないことをわかっていなかったという問題に気づいたのである。

　このような問題の気づきを得て，Aさんは，「どうにかしなければならない」と思いながらも，一方で，「子どもの気持ちはそれぞれで，その時の気持ちは子どものもの」だから，「私はこうしてくれたらいいなと思う部分もある」が，なるようにしかならないとも思うようになってきた。ここでまたAさんに，新たな観念が生成されたのである。

　この観念に基づいて，Aさんは『その子の気持ちを一番に考える実践』をしていくようになった。行事の練習をやらない子に対してAさんは，最終的にはみん

なと一緒に行事に参加してほしいと願いながらも，まずはその子が楽しめれば「よしとしよう」と考えてかかわるようになった。このような姿勢で実践に取り組むようになったことで，Ａさんは，「思い通りにならない」子どもの姿もおもしろいと感じられるようになり，想定外の子ども同士のトラブルも含めて，「子どもと一緒にいることがおもしろくなってきた」と語った。

　Ａさんにとって，1年目はなにをすべきかを考えることが「大変なこと」だったが，2年目になると，子どもが遊びの中でなにをするのか，その展開に「わくわく」して，「子どもと一緒にやりたいことがいっぱいあって」，一緒に遊ぶことが楽しいことに変わっていった。

②Ａさんの3年目

　Ａさんの3年目の探究的省察のプロセスを，図8-2に示す。図に示したようにＡさんの3年目においては，困難や葛藤を契機として，複数の観念の生成がなされ，さらにそれらの観念から新たな観念が生成されるプロセスが見出された。

　Ａさんは，3年目に初めて5歳児（年長）クラスを受けもつことになり，年長なのに子どもができない，年長なのになんでできないのという困難や葛藤を抱えることとなった。Ａさんは，担任である自分が子どもと一緒にいるのに楽しめていないという問題に気づき，今の子どもの姿を認めるという観念を生成して，実践に取り組む姿勢が，『子どもを変えるのではなく私がやり方を変えていく実践』へと変容した。さらに，この後もＡさんには，"これでいいや"ではなく"これでいいんだ"，遊びの中を見ていくことが大切という観念が生成された。このことで，Ａさんは『"一人ひとりの子どものことを知りたい"という思いに基づく実践』，『遊びが発展するように環境を整える実践』，『子どもをピンポイントで見ていく実践』をするようになっていった。

　また，それとともにＡさんは，子どもを上から見ていたという問題にも気づき，子どもと一緒に遊ぶ仲間になって自分も一緒に楽しもうという観念を生成して，それに基づいて『ゆっくりじっくりかかわってみる実践』へと変わっていった。

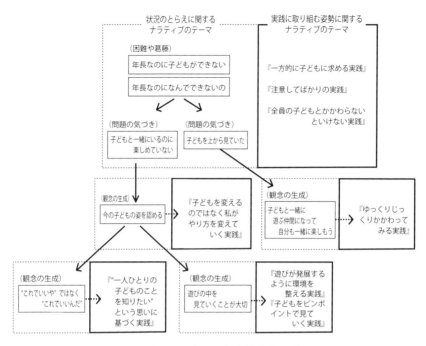

図 8-2　A さんの 3 年目の探究的省察のプロセス

a. 3年目における困難や葛藤

3年目になった A さんは，初めて5歳児(年長)クラスを受けもつことになった。受けもつ学年も子どもも変わったため，A さんは「年長がなにをやっていたかイメージはできるけど，自分が進めていくことに対してはすごく不安」があり，「3年目だけど，やってる仕事と学年が違うと，全然また新たな1年」だと語った。一番上の年長クラスの担任として，「"年長さんはかっこいいね" っていうまわりの期待にも応えなければという気持ち」や，「"こんなに幼稚園でがんばったんだよ" っていう気持ちで小学校に胸を張って送り出していきたいっていう気持ち」を抱くようになり，そのために子どもを「指導する私がまずちゃんとしないといけないとあらためて思って」いると述べた。

A さんは，年長クラスを受けもつと，「年長としての姿」を子どもに求める気

持ちが強くなったという。このため，年長になった子どもたちに「2年間やってきたのに，なんでできないの？」と，年長なのに子どもができない，年長なのになんでできないのだろうかと悩むようになった。Aさんは，自分が思う子どもの姿と目の前の子どもの姿が異なることに葛藤するようになったのである。

　Aさんはこの時，「なにが正解かは自分で決めていただけなのに，子どもに正解を求めていた」と語った。そしてそのために，Aさんは，「こうしてほしい，こうなってほしい」と，『一方的に子どもに求める実践』をして，それができない子どもに対して『注意してばかりの実践』であったという。Aさんは，できないことを「子どものせいにして，"ちゃんとやらなきゃダメでしょ"みたいな言い方をしていた」と語った。

　また，その一方でAさんは「子どもたちのなにがいけないのか」を自分自身が「知らないといけない」と考え，子どもの「いろんなことが気になってしまった」という。このため，この時のAさんは，「1日を通してこの子も見て，あの子も見て」と，『全員の子どもとかかわらないといけない実践』をしていた。自分が求めることができていない子どもの姿を「子どものせい」にして，「子どもを変えなければいけないということばかりに必死になっていた」という。そして，このためにAさんは，「子どもたちとの遊びも中途半端で，すべてが途切れ途切れでいたので，振り返った時に，あの子はこれで遊んでたっていうのはわかるけど，そのあとなにして遊んでいたのか」ということはわからずに，「バタバタと1日がすごくせわしなく過ぎて」いったと語った。

b. 観念の生成と実践に取り組む姿勢の変容
今の子どもの姿を認める

　Aさんは，3年目の8月のインタビューで1学期を振り返り，子どもに対して「なんでできないの？」と思えば思うほど，「イライラしてしまうことや，注意してばかり」になっていったと語った。それが6月に入り，子どもたちとの生活に慣れてくると「最近，子どもたちと怒ったとき以外で会話していないんじゃないか？」，子どもと一緒にいるのに楽しめていないという問題に気づいた。これを

きっかけとして A さんは，「一方的に子どもに求めていたのは，自分が年長を受けもって不安だったから」で，「この子たちはこの姿っていう」今の子どもの姿を認めることをしなければいけないという思いに至った。ここで新たな観念が生成されたことで，A さんは，「年長としての姿」を子どもに一方的に求めるのではなく，「この子たちは今この姿なんだから」，『子どもを変えるのではなく私がやり方を変えていく実践』をするようになり，「ちょっと楽になった」と述べた。

"これでいいや"ではなく"これでいいんだ"

今の子どもの姿を認めるという観念を得たことにより，A さんは，自分が思うような子どもの姿でなくても「これでいいや」とあきらめてその子どもを責めるのではなく，「これでいいんだ」と認められるようになった。こうして，A さんには，"これでいいや"ではなく"これでいいんだ"という，さらに新たな観念が生成された。このことによって A さんの実践は，子どもが「なんでできないのかを知るためのかかわり」から，『"一人ひとりの子どものことを知りたい"という思いに基づく実践』に変わっていった。

遊びの中を見ていくことが大切

今の子どもの姿を認めるという観念の生成は，子どもの遊びの中を見ていくことが大切だという，別の新たな観念が生成にもつながっていった。A さんはこのことについて，「子どもの遊びにじっくりかかわって，じっくり見ていくと，子どもたちのほうが遊びの名人で，こういう遊びもあるんだな，こういう楽しみ方もあるんだなっていうことを，子どもに教えられた」と語った。

　そのような観念を得て A さんは，保育者は「遊びの提案をするというよりは，きっかけづくりの人なんだ」と思うようになった。A さんは，「どういう遊びをするかは子どもたちが決めることなので，私ができるのは環境を作ることぐらい」であるから，『遊びが発展するように環境を整える実践』をしていくのだと述べた。そして，「子どもの遊びを見て，環境をつくっていく」という過程を通じて，「一人ひとりの子どものことが見えて」きたという。

また，遊びの中を見ていくことが大切という観念の生成によってＡさんは，「あの子はこういう時にはちょっと心配だから見ていこうかとか，そういうふうに，見るところを，ポイントをしぼって見れるようになってきた」とも述べた。このように，『子どもをピンポイントで見ていく実践』は，「この子とはこうかかわっていこう，こうしていこう」という，一人ひとりの子どもに対するＡさんの「思い」そのものであった。このような，一人ひとりの子どもに対する「思い」ができたことで，Ａさんは日案を作成した時に，「"なんでこの課題を立てたの？"と聞かれても，私はこういうふうに思うからこういうふうに書いた」と，保育者3年目にして初めて説明できるようになったと語った。

子どもと一緒に遊ぶ仲間になって自分も一緒に楽しもう

　8月のインタビューでＡさんは，子どもに「年長としての姿」を強く求めていた頃は，「子どもたちの問いかけにも，ゆっくり受け答えする」ことや，「じっくりとおしゃべりをして，ゆっくり遊ぶ時間」を大切にすることができなかったと語った。Ａさんは，この頃の自分は子どもを上から見ていたために，「子どもの目線とずれていた」と述べた。

　このような問題の気づきがあったことでＡさんは，子どもと一緒に遊ぶ仲間になって自分も一緒に楽しもうという観念の生成に至った。そして，そのためにＡさんは，子どもが「いまどんなことに興味があるのか，どんなことが好きなのか」を考えながら，『ゆっくりじっくりかかわってみる実践』をするようになった。子どもと遊ぶ時間を積極的にもつようになるとＡさんは，「それだけ，その子のこともよくわかって」きて，「こういうことが好きだから，この子にはこういうふうに誘えばいいかなとかっていうことが，一緒にじっくり遊ぶことで見えてきた」という。そうして，「子どもも私（Ａさん）のことがわかってきて」，子どもと「波長が合ってきた」と述べた。

(2) Bさん

①Bさんの2年目

　Bさんの2年目の探究的省察のプロセスをまとめたものが図8-3である。2年目にBさんは，1年目とは異なる困難や葛藤を抱えたが，それを契機として新たな観念が次々と生成されていった。

　Bさんの2年目の探究的省察のプロセスを見ていくと，Bさんは2年目も1年目と同じ3歳児クラスの担任となったが，1年目とは大きく異なる子どもの姿への不安やとまどい，子どもがついてきてくれないことに困難や葛藤を抱え，『子どもたちを引っ張っていく実践』をしていた。これらの困難や葛藤を経て，Bさんは，今の姿はその子の個性という新たな観念を生成し，これに基づいて実践に取り組む姿勢が，『子どもの楽しい気持ちを残してあげたい実践』に変容した。

　Bさんはさらに，個人差があるからできなくてもしょうがないという観念を生成し，それに続いて子どもの興味に合わせて遊びに変化をつけると子どもが喜

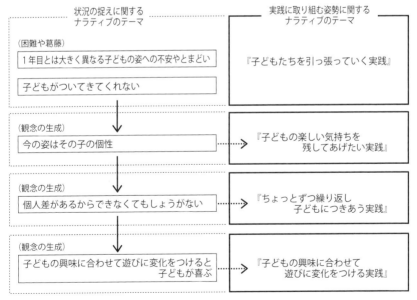

図8-3　Bさんの2年目の探究的省察のプロセス

ぶ という観念の生成にも至った。これにより，Bさんの実践は『ちょっとずつ繰り返し子どもにつきあう実践』を経て，『子どもの興味に合わせて遊びに変化をつける実践』へと変わっていった。

a. 2年目における困難や葛藤

Bさんは2年目も，1年目と同じ3歳児クラスの担任となった。Bさんによれば，1年目に3歳児クラスの担任を経験したことによって，2年目は1年の仕事の流れや子どもの育ちについて「見通しができるようになり」，一つひとつの活動を「余裕を持ってできる」ようになったという。しかし，1年目と同じ3歳児クラスでも， 1年目とは大きく異なる子どもの姿への不安やとまどい を抱えることとなった。

Bさんは，2年目に受けもった3歳児クラスの子どもは，1年目のクラスの子どもとは「全然違う」と述べた。「去年の子どもはできていたことが，できなかったりして，こういうことからしないといけないんだな」と，同じ3歳児クラスの子どもでも「全然違う子どもの姿にとまどった」のである。Bさんは，1年目の子どもたちと比較すると「いろいろな面で幼い」と感じており，「2年目になって私はこういうことをやるってわかるようになった」が，一方で 子どもがついてきてくれない ことに悩んでいた。

また，この時のBさんは，「去年は1年目ということで主任の先生が最初は一緒に子どもを見てくれていた」が，2年目になってそのようなまわりからの特別な支援がなくなったため，一人担任で『子どもたちを引っ張っていく実践』によって子どもとかかわっていたと語った。

b. 観念の生成と実践に取り組む姿勢の変容
今の姿はその子の個性

こうした不安やとまどいを抱く中でBさんは， 今の姿はその子の個性 なのだという観念を生成するに至った。Bさんは，今のその子の姿は「その子の今の状況，状態」であって「もし，強制して"これしなさい"と私が怒って言ったらきっ

と子どもはやるかもしれない」が，「"幼稚園に行きたくない"ってなってしまう」と述べた。Bさんは，「やっぱり，"幼稚園に行きたい"と思ってくれないと，（子どもは）なにも学べないし，友だちともかかわれなくなる」ので，「まず，"幼稚園に行きたい"って，幼稚園は楽しいところ」だと子どもが思えるように，子どもになにかを強制してやらせるのではなく，してほしいことは伝えながらも，『子どもの楽しい気持ちを残してあげたい実践』で子どもとかかわることを大切にするようになった。

個人差があるからできなくてもしょうがない

　今の姿はその子の個性という観念が生成されると，Bさんは，子どもには個人差があるからできなくてもしょうがないという，さらに別の観念を生成し，子どもの「個人差」への対応について方針をもつことができるようになった。それまではみんなで一緒に遊ぼうとしても，「できる子に合わせると，ルールがわからない子たちは"わかんないからいやだ"って言ったり」することがあり，Bさんは子どもによって「できることの差が激しくてどうすればいいの？」と困ってしまうことがたくさんあったと語った。しかし，Bさんはこの個人差があるからできなくてもしょうがないという観念を得たことで，「子どもによってできることとか，わかることが違うから，それぞれ（の子ども）と根気強く」，『ちょっとずつ繰り返し子どもにつきあう実践』によって子どもと向き合うようになっていった。

子どもの興味に合わせて遊びに変化をつけると子どもが喜ぶ

　『ちょっとずつ繰り返し子どもにつきあう実践』をするようになってBさんは，「子どもが喜ぶなっていうことがちょっとずつわかって」きて，子どもの興味に合わせて遊びに変化をつけると子どもが喜ぶという新たな観念が生成された。Bさんによれば，1年目の時は，「子どもの興味に自分の方が追いつけなくて，用意できなくて，毎日同じものしか用意できなかった」。しかし，2年目になって「去年の子どもたちと一緒に過ごして楽しかったことをチョイス」しながら，遊びや

第8章　2年目，3年目の保育者の困難や葛藤と探究的省察（研究4）　133

用意する素材の内容に「毎日変化をつけていくと，子どもが“今日はなにかな？”って楽しみにしてくれる」のだと述べた。「これをやったら子どもが喜ぶだろうな」とある程度予測して，『子どもの興味に合わせて遊びに変化をつける実践』をするようになったという。

　また，Bさんは，1年目は「“今日やらないと，もうやる時ないんじゃないか”っていうあせりと，“できなかったらどうしよう”っていう怖さ」があったが，2年目は3歳児クラスの1年の見通しがあるため，「“また明日にすればいいかな”とか，“早く終わっちゃった子にはこうしよう”って用意して」おいたり，Bさん自身が1年目よりも「臨機応変」に，「柔軟に動ける」ようになった。

②Bさんの3年目

　Bさんの3年目の探究的省察のプロセスは**図8-4**の通りである。図に示されたように，Bさんの3年目においてもAさんと同様に，多様な観念の生成がなされ，それに基づいて実践に取り組む姿勢も多様になっていったことがわかる。

　Bさんは，3年目に初めて4歳児クラスの担任になったことで，子どもの姿へのとまどい，子どもの姿にイライラするという新たな困難や葛藤を抱えて，『注意してばかりの実践』をしていた。これを経てBさんは，注意してばかりだから子どもが聞いてくれない，遊びが充実していないという問題に気づき，子どもが先生のことを好きで信頼してくれることが大切，遊ぶところから始めてみようという観念の生成に至った。これを転機として，Bさんの実践に取り組む姿勢は『子どもと一緒に思いきり楽しく遊ぶ実践』，『一緒に遊んで一緒に楽しむ実践』へと変わっていった。

　この後さらに，Bさんは，子どもが変わると子どもの興味も全然違う，“しょうがないからやる”を“楽しいからやりたい”にできるかは自分次第という観念を生成して，『子どもが興味を持って取り組めるようにやりくりする実践』を経て『その子だけではつくれない楽しい世界を一緒につくっていく実践』へと変容を遂げた。

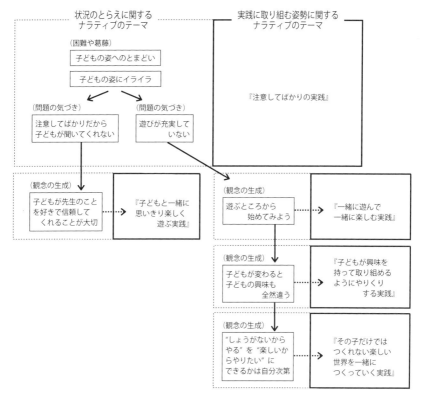

図8-4　Bさんの3年目の探究的省察のプロセス

a. 3年目における困難や葛藤

3年目になってBさんは，受けもつ学年がひとつ上がり，初めて4歳児クラスの担任となって，受けもつ子どもも変わった。Bさんの幼稚園では，子どもは入園から卒園まで3年間同じクラスに在籍し，受けもつ担任が毎年変わる。Bさんは，2年目は3歳児クラスを担当していたが，3年目になると学年は子どもたちと一緒に持ち上がったが，別のクラスの担任となった。このため，全員が初めて受けもつ子どもだった。ただし，その子どもたちとも，前の年から行事等で顔を合わせることがあったため，「お互いにはじめましてじゃなくて，なんとなくわかっ

て」いたという。

　しかし，そうは言っても，4月の初めは，子どもたちが「先生の話をまったく
聞いてくれない，先生が前に立っても全然こっちを見てくれなくて，大変だっ
た」という。そのような事態に直面して，Bさんは「子どもたちのことをどうし
よう」と，子どもの姿へのとまどいを感じた。

　また，「いつまでもおしゃべりしている」子どもたちを見てBさんは，子ども
の姿にイライラすることもあった。Bさんが子どもたちに「静かにして」などと
『注意してばかりの実践』をしていると，「先生すぐ怒るからいやだ」と言われて，
「ただ怒るこわい先生になって，逆に子どもたちが"聞きたい"って思わなくなっ
て」しまった。6月初めのインタビューで，Bさんはこの4月の最初の頃を振り返
り，この時は子どもとのかかわりが「失敗していた」と語った。

b. 観念の生成と実践に取り組む姿勢の変容
子どもが先生のことを好きで信頼してくれることが大切

　3年目になって，また新たな困難や葛藤を抱えたBさんは，「注意してばかり
だと，子どもに（とって）私がすぐ怒る先生」になってしまうため，「そんな先生
がお集まりの時に"先生の話聞いて"って言っても（子どもは）"聞かないよ"っ
てなってしまう」ということを，「子どもとやっていく中で気づいて」いった。B
さんは，注意してばかりだから子どもが聞いてくれないという問題に気づいた
のである。これをきっかけとして，話を聞きたいと思うくらい子どもが先生のこ
とを好きで信頼してくれることが大切だという観念の生成に至った。そして，こ
の観念に基づいてBさんの実践は，『子どもと一緒に思いきり楽しく遊ぶ実践』
に変容した。

遊ぶところから始めてみよう

　またBさんは，子どもたちが話を聞いてくれないのは，「子どもが遊び込めて
いない」ことが原因なのではないかとも考えるようになった。Bさんは，遊びが
充実していないという問題の気づきを得て，遊びが充実していくように，「子ど

もとのかかわりのとっかかりとして」まずは, 遊ぶところから始めてみよう という観念を生成した。そして,『一緒に遊んで一緒に楽しむ実践』をしていけば, 担任のBさんのことを子どもが好きになっていってくれるだろうと考えるようになった。

　ただし, そのように考えるようになったものの, 頭の片隅には, 子どもとの関係が「これで変わっていくのかな?」という不安があった。しかし, 実際に子どもたちと遊びを通して楽しい時間をもつようになって,「だんだん子どもたちが変わっていった」。4月から「2ヵ月くらいたって, こんなに早く変わると思ってないぐらい, 話しを聞いてくれるようになって」いったとBさんは語った。

　4月の頃は,「朝来て, "おはよう" って言っても, なにも返してくれなかった」子どもがいたが,「みんな今では私の前に来て "おはよう" って来て, 言ってくれる」ようになった。こうして子どもたちとの関係が変わっていったことについてBさんは,「最初は子どもも, 担任が変わって不安だった」が,「いっぱい一緒にかかわって遊ぶことで, 先生 (Bさん) のことがわかって, 子どもも安心」したのだろうと振り返った。また, 子どもたちには保育者が伝えたいことを「そのまま直接 (話) してもなかなか子どもたちには伝わらなくて」,「一緒に遊ぶことで子どもとの関係ができる」からこそ,「子どもが話を聞いてくれるようになった」のだと述べた。

子どもが変わると子どもの興味も全然違う

　このように, Bさんが4月当初に抱いていたクラスの子どもに対する「大変だ」という思いは, 次第に「弱まっていった」。Bさんは, 遊ぶところから始めてみよう という観念を得て, 子どもと遊ぶ時間を大切にしてきたことで, 子どもが変わると子どもの興味も全然違う という, 新たな観念の生成に至った。受けもつ子どもが変わったばかりの頃は, 子どもの「聞いてくれない」,「見てくれない」という姿に, ただただとまどうばかりであった。しかし, この観念の生成によってBさんは, 新たに受けもった個々の「子どもが "やりたい" っていうポイントを, また探しながら」,『子どもが興味を持って取り組めるようにやりくりする実践』

をしていくようになったと語った。

"しょうがないからやる"を"楽しいからやりたい"にできるかは自分次第

　しかし，いつも子どもの興味に合わせて実践をやりくりできたわけではない。場面によっては，「みんなでやらなきゃいけない」ということもあった。Bさんによれば，そのような時には，「(子どもが)"しょうがないな"って渋々やっている時も」あったという。こうした子どもの姿に接した際に，Bさんは，「"しょうがないな"っていう入口でも，やっていると楽しくなってきたり」，やってみることで子どもが「達成感を味わえたりする」こともあると考えるようになり，子どもの "しょうがないからやる"を"楽しいからやりたい"にできるかは自分次第 だという新たな観念の生成に至った。

　Bさんは，一人ひとりの子どもには「その子の世界があるから，その世界ができあがっちゃう前にタイミングを見計らって，私が入って」いって，「その子の世界にやらなければいけないことを入れていく」のだと述べた。そして，Bさんは「やらなきゃいけないこともやってよかった，楽しかったからもっとやりたいって子どもが思える」ように，『その子だけではつくれない楽しい世界を一緒につくっていく実践』を目指した。

　もちろん，Bさんがこのようにして子どもとかかわっていっても，タイミングや誘い方が子どもの興味に合ったものでないと，「"今日はやらない"とか，"もうやりたくない"」と「子どもに振られて」しまって，「あぁ，だめだったんだなぁ」と思うこともたくさんあったという。こうした，うまくいかないこともふまえて，Bさんは，子どもの「"しょうがないからやる"という入口」に入って，「その子の世界」に入ったからには，「その子が"やってよかった"，"楽しかった"と感じられるように(自分が)しないといけないっていうのを日々感じる」と語った。

(3) Cさん

　Cさんは1年目と同様に，2年目，3年目も行事の準備に追われ続けた。このた

め，Ｃさんには2年目，3年目においても，困難や葛藤を契機とした観念の生成や，実践に取り組む姿勢の変容を見出すことができなかった。なぜなら，Ｃさんには，常に行事を無事に終えるということが，実践に取り組む姿勢として求められていたからである。それゆえ，Ｃさんは，実践を不断に変容させていく探究的省察のプロセスをたどることが難しかったのだと考えられる。Ｃさんは，行事を無事に終えるという求めに応じて実践に取り組み，そしてそれを無事に遂行できると，そのことに達成感を感じて，それが次の行事に取り組む原動力となっていた。このようにして，Ｃさんは仕事を続けることができたのであった。こうしたＣさんの仕事に取り組む姿勢には，勤務先の幼稚園の行事に対する方針が大きな影響を与え，Ｃさんの3年間の保育者としての経験は，その方針によって規定されていた。

　以下に，Ｃさんの2年目，3年目の困難や葛藤を中心にナラティブの内容を整理したものを示す。

①Ｃさんの2年目

　2年目を迎えたＣさんは，5歳児（年長）クラスの担任となった。1年目に受けもったクラスをそのまま持ち上がりで担当することになったのである。1年目の経験があるため，2年目は「毎日やっていることは覚えなくていい」ということや，すでに子どもたちと「それなりに信頼関係ができている中でのスタートだった」ことによって，2年目のＣさんは「ちょっとはゆとりをもてた部分も」あったと述べた。

　また，年長クラスに上がって「子どもが私（Ｃさん）がいなくても，それなりに毎日の流れでやってくれる」ようになり，「年長になって子どもが頼もしい存在」になった。Ｃさんは初めての年長クラスの担任ということで「とまどうことばかり」であったが，「子どもに助けられている」と述べた。

年長の担任となったプレッシャー

　しかしその一方で，Ｃさんは初めて年長クラスの担任になったことについて，

「進め方も内容も初めてで，そういう部分では，また1からのスタートで，2年目とはいえ全然なにも知らない世界」だとも述べた。また，Cさんは，「年長はどの学年よりもできていないといけない」という強い「プレッシャー」を感じていた。「園生活では年長は一番上なので，それなりの生活態度だったりとか，行事で出来ばえとかが求められる」ため，1年目よりも「本当に大変でつらい」とCさんは語った。

　とくに行事においては，「年長さんってすごいと思ってもらいたい」という気持ちがあった。だが，「"年長さんよかった"って言ってもらうためには，すごい練習が必要」だった。「(行事の) 本番までにどのくらい仕上げられるか」は，「担任の責任」になるため，「子どもたちの力をどれだけ生かして，仕上げられるか」ということが「本当にプレッシャー」だったとCさんは語った。Cさんによれば，子どもたちが「自由に遊ぶ時間もほとんどとれない」で，行事の「練習ばかり」の毎日は「とにかくつらい」ものであった。しかし，「途中でやめられない」ので「行事の本番までにやるしかない」と，自らを奮いたたせて，「余裕のない毎日」を送っていた。

　また，「作るものとか，準備しないといけないことが行事のたびに毎回ある」ために，Cさんは行事の前の「1ヵ月間ぐらい土日も幼稚園に通い詰めて」準備をすることになり，「行事前は本当に忙しくて，帰っても寝るだけで自分の時間が全然もてなくて大変だった」と語った。行事までの忙しくて大変な期間は，Cさんと同じく年長クラスの担任をしている「同期がいたから，一緒にがんばれて，大変なこととかも言い合えて乗り切れた」ということだった。

みんなに迷惑をかけてばかりで申し訳ない

　このように「年長は求められるハードルが高く」なり，とくに行事での「出来ばえ」が求められた。Cさんは，行事の本番を迎えるまで，「"子どもと一緒に先生も楽しまないと"とは (園長先生から) 言われるんですけど，そんな余裕は全然なくて。とにかく必死で，疲れて，とにかく大変」だと語った。

　Cさんは，初めて年長クラスの担任として行事に取り組むことになり，「なに

も知らない状態から始まった」と述べた。そのような中で，Cさんは「他の先生たちにすごい迷惑をかけてばかりで，申し訳なくて」と自責の念を抱き，そのような状況に「自分はこの仕事に向いていないなって思う」と悩んだという。行事までに「あの時までにあれをやらなきゃいけないというのが，常に頭に」あり，その通りに進んでいかないと「自分のやり方がいけないのかな」と悩んだ。「自分のクラスの子が，他のクラスの担任の子だったら，きっとよかったんだろうなと感じ」ると，Cさんは語った。

　こうした思いに駆られながらCさんは，とにかく他のクラスの保育者や子どもに「迷惑をかけてはいけない」という気持ちで，「行事をやり遂げるために，余計なことは考えないようにして，振り返らずにとにかく必死」に取り組んだ。そして，行事が終わると，Cさんは，「やってよかったなって，達成感をすごい感じる」と語った。「終わるまでは本当につらかったけど，子どもたちが本当にがんばってくれて，本当に感動」したという。Cさんは，そのような「達成感」や「感動」にふれて，「他の仕事じゃ味わえない仕事をしている」と述べた。ただし，その一方で，「行事の練習に追われないで，子どもと純粋に楽しく毎日過ごしたい」，「なにも考えずに子どもと一緒に遊んで楽しいっていうふうに思えたらどんなにいいだろうな」とも思っていると語った。

②Cさんの3年目

　3年目にCさんは，再び4歳児クラスの担任になった。1年目にも4歳児クラスを受けもったが，担当する子どもが変わると「全く雰囲気が違って」いた。1年目に受けもったクラスの子どもと比べて，子どもが「落ち着いていて，1年目に年中の担任した時よりも余裕」をもてているとCさんは語った。

変わらない行事の大変さ

　Cさんは，4歳児クラスの担任の経験をふまえて，「この時期になにをしたらいいかとか，ここまでにどういうことを終わらせたらいいか，というのが自分の中でもちょっとは把握できてるので，ここまでにこれをやっとけばいいっていう目

標に向かって進めることはできたので，そこは自分でも重ねてきたものは多少
あったかな」と述べた。

　だが，行事については「1年目，2年目，3年目になって，こういうことやるの
かなっていうことはわかってはきているけど，やっぱりやらないといけないこと
はたくさんあるので，やっぱりそこは変わらず大変」だった。Cさんは，行事を
こなしていくことは3年間「毎年，大変」であったが，「行事が終わったあとの達
成感は，この仕事をしていなかったら感じられなかった」とも語った。

先輩という立場

　3年目になったCさんは，「自分たち（＝CさんとCさんの同期の保育者）が，次
の代に幼稚園を引っ張っていく存在」になることを意識するようになっていった
という。もしかしたら「先輩が今年で辞めるかもしれないし，そうなった時に，
自分たちが（幼稚園を）引っ張っていく立場になって」，今まで「先輩がやってき
たことを自分たちでやれるように」するということを意識して，「先輩がいるう
ちに，聞いて，確認をとるようにしている」のだと語った。

　また，3年目になったCさん自身も，1年目，2年目の保育者から見れば，先輩
という立場であり，「先輩として後輩を育てていかないといけない」ということ
も感じるようになったと述べた。Cさんは，「先輩はいるけど自分も先輩として
育てていかなくちゃいけない立場に今おかれていて，自分のこともままならな
くていっぱいいっぱいなのに，幼稚園全体のことを見れるようにならないといけ
なくなってきてるので，そういうことも大変になって」きたと語った。

保護者との関係作りの難しさ

　Cさんは，担任するクラスの子どもが変わったことにともなって，子どもの
「保護者とも一から関係をつくって」いくことが求められた。子どもだけでなく
「保護者とも関係を築いていくことがすごく難しい」とCさんは語った。3年目
のCさんには，受けもつ子どもも保護者も変わって，「30人子どもがいたら，そ
の30人それぞれに保護者がいて，いろいろな保護者がいて，どうコミュニケー

ションをとっていくか」が大きな課題となった。

　たとえば，Ｃさんは保護者から相談されて「初めて，そんなことがあったのだと気づくことがあって，それに気づけなかった自分が，配慮が足りなかったことに申し訳なく感じ」ることがあると語った。また，そのようなことがあると，「きっとほかの先生だったら，もっとそういうことになる前に配慮していたんだろうなと考えると，すごく落ち込んで」しまうこともあり，常に「保護者の信頼を失わないようにしないといけない」という緊張感があると述べた。

４．２年目，３年目の保育者の困難や葛藤

　３名の保育者の２年目，３年目のナラティブから，彼らが抱える困難や葛藤の要因として次の３つを指摘することができる。ひとつは，１年ごとに受けもつ学年や子どもが変わることである。職種によっては，日々の仕事に大きな変化がなく，経験を積み重ねれば次第にその仕事に慣れて，困難や葛藤も徐々に減っていくものもあると思われる。これに対して保育職では，１年を区切りとして，担当する学年や受けもつ子どもが変わる場合が多く，その都度受けもつ子どもやその保護者との関係を築いていくことが求められる。たとえばＡさんは，２年目も３年目も受けもつ学年や子どもが変わり，その度に変化にとまどい，困難や葛藤を抱えることとなった。Ｂさんは，２年目は１年目と同じ３歳児クラスの担任となったが，受けもつ子どもが変わった。３年目には，担当する学年も子どもも変わり，４月の初めは新たに受けもった子どもの姿にとまどった。

　２つ目は，短いとはいえ，職についてからの経験が保育者の子どもに対する見方やかかわり方を縛ることである。Ｂさんは，２年目に１年目と同じ３歳児クラスを受けもった際に，前年度のクラスとは異なる子どもの姿に不安やとまどいを感じた。１年目に３歳児クラスの担任をしたＢさんの経験が子どもに対する見方を縛り，目の前の子どもの姿をありのままに捉えることを難しくしたのである。

　３つ目は，２年目，３年目になると立場が変わっていくことである。１年を過ぎて２年目になると，周囲からは新任としてではなく，経験のある保育者としてみ

なされることになる。さらに，彼らの下に後輩の新任保育者が入ると，彼らは先輩保育者としての振るまいが求められるようになる。年数を経るごとに保育者の職場での立場が変わり，それとともに彼らは経験のある保育者として失敗できないプレッシャーや，先輩として後輩を育てていかなければいけないという責任を感じることとなった。保育職の場合は，他職種と比べて，全体的に経験年数の短い保育者が多い。このため，園によっては2年目3年目の保育者であっても，経験のある保育者として期待され，3年目のCさんのナラティブに見られるように，「自分たちが，次の代に幼稚園を引っ張っていく存在」になることを意識するようになる。そして，そのことが新たな困難や葛藤を生じさせることとなっていた。

5．研究4のまとめ

　研究4では，Aさん，Bさん，Cさんの3名の保育者の2年目，3年目のナラティブをもとに，困難や葛藤を契機とした探究的省察による彼らの専門的成長について検討した。2年目，3年目になると，3名の保育者はともに，1年目よりは見通しや余裕をもてるようになった。たとえば，2年目にも1年目と同じ3歳児クラスの担任となったBさんは，1年の仕事の流れや子どもの育ちについての見通しや余裕をもてるようになった。しかし，その一方で，2年目，3年目を経ても，初期キャリアの段階にある3名の保育者は，自らがとりうる解決方法では対処できない事態に直面して，新たな困難や葛藤を抱えていた。Aさん，Bさんは，そうした困難や葛藤を契機として新たな観念を生成し，それに基づいて実践に取り組む姿勢を変容させていった。つまり，1年目のリアリティ・ショックを経たあとの2年目，3年目においても，保育者は探究的省察によって不断に自らの実践を変容させていったことが明らかになった。ただし，Cさんは，1年目と同様に，困難や葛藤を経て観念の生成に至らなかったため，実践に取り組む姿勢の変容はみられなかった。

　なお，2年目，3年目における保育者が抱える困難や葛藤の要因として，1年ご

とに受けもつ学年や子どもが変わること，短くても職についてからの経験の積み重ねが保育者の子どもに対する見方やかかわり方を縛ること，年数を経るごとに保育者の職場での立場が変わることの3つが示唆された。

第9章

初期キャリアの保育者の危機と専門的成長

1. はじめに

　本書では，就職後1年目から3年目までの初期キャリアの保育者の危機に着目し，彼らがその中で抱える困難や葛藤を契機とした探究的省察によって専門的成長を遂げていくプロセスを明らかにした。それとともに，保育者養成課程における実習に着目し，実習において学生が経験する困難や葛藤の内容についても検討した。本書では，これらの課題を検討するために，4年制大学の保育者養成課程の学生と，同じ大学を卒業した保育者（幼稚園教員）を対象として4つの研究を実施した。

　本章では，最初に4つの研究の総括を行ったうえで，それらの結果から，初期キャリアの保育者の専門的成長に関して得られる示唆について，保育者の専門的成長を探究的省察のプロセスとして捉えたことの研究上の意義，初期キャリアの保育者にとっての探究的省察の意味，経験年数の積み重ねの意味および保育者養成課程における実習の意義の4点にわたって考察する。最後に，本研究の限界と今後の研究の展望について論じる。方法論的な限界や実証データの量の問題など，本研究にはさまざまな限界がある。しかし，本書では，保育者が就職した直後から継続的なやりとりを続け，同一保育者への長期にわたるインタビュー調査を実施したことにより，質問紙調査では迫り得ない保育者の困難や葛藤の多面的な側面と，困難や葛藤を契機とした初期キャリアの保育者の専門的成長の過程を掘り下げることが可能となった。こうした本研究の知見と限界をふま

え，保育者の専門的成長をめぐる研究の発展の方向性についてまとめたい。

2. 4つの研究の総括

　はじめに，研究1から研究4までの4つの研究から得られた知見を総合することにより，初期キャリアの保育者の危機と，危機を契機とした専門的成長とはいかなるプロセスを経るものかについて整理しておきたい。本書では，幼稚園実習に取り組む学生から，就職して1年目，2年目，3年目と至るまでの長いスパンで保育者の専門的成長を分析した。

　保育者になる前の学生が保育現場を経験するのは主に実習においてである。実習で学生はリアリティ・ショックを受けるが，多くはその中で子どもに関する理解を深めていった。しかし，なかには実習における困難は限られた期間のものであると割り切りの認識を形成することによって，ショックからの回避を図る者もいた。この2つのどちらをたどるかは，学生が実習先の保育者との出会いをどのように捉えたかに規定されることが示唆された。

　実習を終えて免許を取得し，幼稚園に就職した者は，保育者の仕事の現実に直面し，さまざまなことにリアリティ・ショックを受けることになった。そのような状況の中で仕事に取り組む新任保育者にとって，担任としての責任は重すぎるものであり，彼らはそれを十分に果たせていないことに苦悩し，「保育者に向いていないかもしれない」と捉えるようになっていった。彼らがそれでも仕事を続けられたのは，そうした担任としての責任が重くのしかかるからこそ，クラスの子どもたちのために「とにかくやるしかない」と自らを奮い立たせたからであった。その際，彼らは，「保育者に向いていないかもしれない」という認識を「～けど」，「でも」という逆接の言葉で打ち消すという「逆接のナラティブ」を紡いで，「とにかくやるしかない」という認識を表明していた。

　そして，新任保育者は，こうした悩みや不安に苛まれる中で，やがてそれらを生じさせている問題に気づくようになっていった。これにより，彼らはその問題を解決・改善していくための観念を生成し，それを転機として実践に取り組む姿

勢を変容させていった。新任保育者は，この一連の探究的省察のプロセスを通じて専門的成長を遂げていったのである。彼らの探究的省察を促す要因としては，保育者としての生活や仕事に慣れるまでの時間の確保や子どもとじっくりかかわるための時間的余裕，ちょっとした時間に行われる先輩保育者との日常的なやりとりが示唆された。なお，保育者の中には問題の気づきを得たものの，次々と新しい仕事をこなしていくことが求められて時間的な余裕がもてなかったために，観念の生成がなされず，実践に取り組む姿勢の変容に至らなかった者もいた。

　2年目，3年目になると保育者も1年目よりも仕事には慣れていくが，それでも彼らは，自らがとりうる方法では対処できない危機にしばしば陥り，困難や葛藤を抱えることとなった。彼らはそこでもまた，それらの困難や葛藤を契機として新たな観念を生成し，それに基づいて実践に取り組む姿勢を不断に変容させていった。つまり，2年目，3年目においても，彼らは危機の中で，自らが抱える困難や葛藤を契機とした探究的省察によって専門的成長を遂げていったのである。ただし，1年目から引き続き2年目，3年目も仕事をこなしていくことに追われ続けることになった事例では，1年目と同様に，観念の生成には至らず，実践に取り組む姿勢の変容はみられなかった。2年目，3年目において保育者が抱える困難や葛藤の要因としては，1年ごとに受けもつ学年や子どもが変わること，職についてから経験したことが子どもに対する見方やかかわり方を縛ること，年数を経るごとに保育者の職場での立場が変わることが示唆された。

3．危機を契機とした探究的省察を通じての専門的成長

　本書では以上のように，初期キャリアの保育者が，危機を契機とした探究的省察によって専門的成長を遂げていったことを明らかにした。保育者の専門的成長に関する先行研究では，経験年数に応じて力量が形成されていくという熟達化の枠組みによって彼らの成長が描かれてきた。こうした研究において初期キャリアの保育者は，力量の乏しい未熟者として扱われることとなり，彼ら自身の専門

的成長の軌跡を明らかにすることは難しかった。また，とりわけ初期キャリアの保育者は多くの危機に直面する。先行研究では，危機に直面した保育者が経験する困難や葛藤と，彼らの専門的成長は切り離されて分析・考察されてきた。

　これに対して本書では，保育者の専門的成長を探究的省察のプロセスとして捉えたことにより，初期キャリアの保育者が直面する危機と専門的成長を結び付けて，危機において彼らが経験する困難や葛藤に，彼ら自身の専門的成長の契機があることを実証的に示した。

　保育者の専門的成長に関するこのような捉え方は，より経験年数の長い保育者の専門的成長を明らかにするうえでも参照することができるだろう。なぜなら，各キャリアの段階において，保育者は立場が変わり，子どもや保護者のおかれた時代状況も異なっていく。そうした中で，保育者は経験年数を積み重ねても，さまざまな困難や葛藤を抱えるものと予想されるからである。

　さらに，小学校以上の学校段階の教員の専門的成長について考えるうえでも，こうした捉え方は参考になるものと思われる。高井良（2007）は教員研究に関するレビューにおいて，「教師の葛藤，とりわけ多忙化，ストレス，バーンアウトに注目した研究は，ここ10年間の教師研究における最もホットな問題領域となっている」（p.115）と述べ，この領域の研究の特徴について，「主に教育心理学によって担われる」ことになり，「学問の性格上，個人のありように焦点が向けられ，個人の救済が模索された」（p.254）と指摘している。しかし，本書の冒頭で述べたように教員の専門性の向上が求められている中で，彼らの抱える困難や葛藤に着目した研究は，単に個人の救済という課題を超えて，困難や葛藤を抱えながらもいかにして職業を継続し，専門的成長を図っていくのかを見通してなされるべきものだと考えられる。こうした研究の視点は，教員の多忙化やバーンアウトに関する研究などにもあてはまるものであり，教員を取り巻く状況の困難さと，彼らに期待される教員としての専門的成長とを関連付けた研究が今後求められている。

4．「保育者なる役割を担った存在」になるための探究的省察

　初期キャリアの保育者にとっての探究的省察の意味については，榎沢（2004）の「役割存在としての子どもと保育者」に関する指摘が参考になる。榎沢は役割における「関係」の第一次性を説いた廣松（1982）に依拠し，保育者という存在は対他的な関係性のもとに存在するものであると述べている。榎沢によれば，「私たち大人は子どもとの間に『子ども―保育者関係』が成立した時に，初めて，子どもに対して『保育者なる役割を担った存在』として，実体的に存在するようになる」（榎沢 2004, p.59）。しかし，我々は往々にして役割を担った存在を他者との関係を抜きに，それ自体で即自的に存在できると考えがちである。すなわち，「私たちは関係する相手が目前にいなくても，理念化された役割行動を遂行することができるゆえに，実体としての私たちがさまざまな役割を所有して」（同上，p.58）いると思ってしまうのであり，「他者との関係を抜きに，私たちは自分が即自的に役割存在であると信じ込んでいる」（同上，p.58）のである。

　保育者の場合，職に就く前に多くの者が保育者養成課程で教育を受ける。だが，そこには，短期間の実習を除けば子どもはいない。つまり養成課程において学生は，他者としての子どもとの関係を欠いたままで，保育者という役割について学ぶことになる。保育者という存在はあくまで子どもとの関係性の中でしか存在し得ないのにもかかわらず，保育者養成の場はそれを欠いているのである。また，彼らが実習において保育の仕事にかかわるにしても，実習の期間は限られたものであり，彼らは担任としての責任をもつわけではない。したがって，実習では子ども全般についての理解は深められても，自分が保育する立場で面と向かう相手としての子どもには出会えない。しかし，この経験を経て，彼らは免許や資格を授与され，保育者として現場に入るのである。

　養成課程を修了し，保育者としての免許や資格をもって現場に入った新任保育者は，このようにして養成を受けてきた者であり，まさに即自的に役割存在であるという自己認識を抱いている。そうして，新任保育者はすぐにクラス担任として重い責任を担う。つまり，1年目の最初の頃の新任保育者は，他者との関係

性を欠いた形で，保育者という役割存在を必死で務めようとするのだといえる。自らの役割について，最初はこのように捉えることしかできない初期キャリアの保育者は，探究的省察によって，初めて目の前の子どもとの関係性の中に保育者である自分がいることを自認するようになる。

たとえば，Aさんは，1年目の1学期の終わり頃になると，「子どもたちのためにやらなければいけない」という思いを強くもっていたために，かえって自分で自分の首を絞めていたことに気づくこととなった。その気づきを得たことで，やらなければならないという担任としての責任感からではなく，子どもが楽しいと思うことを大切にしたい，子どもの気持ちを大切にしたいと考えるようになった。また，Bさんも，6月になり，仕事にだんだん慣れてきて，自分のペースがつかめるようになってくると，子どもの姿が見えていないという問題に気づいた。そういう気づきを得て，それまでかかわってこなかった子どもと積極的にかかわるようになり，クラスの「子どもたち一人ひとりがだんだんわかって」きた。そうして，1学期の終わり頃になると，Bさんは，子どもが楽しいことが一番だと思い至るようになり，子どもと一緒に楽しむ実践をするように変わっていった。

このように新任保育者は，探究的省察によって子どもとの関係性のもとに存在するようになった。つまり，探究的省察を通じて，保育者である自分の役割の捉えなおしが起きるという意味で，彼らは専門的成長を遂げるのだといえる。Aさんは，やらなければならないという担任としての責任感からではなく，子どもが楽しいと思うことを大切にしたい，子どもの気持ちを大切にしたいと思うようになったと語ったが，それはまさにこのような，自己の役割の捉えの変化を表している。先の榎沢の指摘を敷衍すれば，この時，はじめて「子ども―保育者関係」が成立し，そこにおいてAさんは「保育者なる役割を担った存在」として，実体的に存在するようになったと捉えることができる。

5．経験年数の積み重ねの意味

　初期キャリアの保育者の困難や葛藤を契機とした探究的省察による専門的成長において，経験年数の積み重ねはどのような意味をもつのだろうか。保育者の熟達化に関する諸研究では，彼らの専門的成長は経験の量の増大に応じて促されることを前提としていた。しかし，本研究の知見から示唆されるのは，保育者が自らの困難や葛藤にしっかり向き合い，それを契機として探究的省察のプロセスをたどることができたかどうかによって，経験年数の意味は大きく異なるということである。つまり，彼らの専門的成長は，単に経験の量に規定されているのではなく，経験の中身が大きな意味をもち，その中身によって経験年数の意味は変わるということである。

　初期キャリアの保育者が，経験を積み重ねる中で探究的省察によって自らの実践に取り組む姿勢を不断に変容させていけたのであれば，経験の量の増大は専門的成長を遂げたことの指標になる。そのような場合，経験年数は，その期間の長さの分だけ探究的省察が繰り返し行われたということを意味するものとなる。第8章の図8-2，図8-4で示したＡさん，Ｂさんの3年目の探究的省察のプロセスに見られるように，多様な観念が生成されたり，あるいはある観念の生成が，さらに別の観念の生成につながっていき，実践に取り組む姿勢も多様に変容していくことになる。

　これに対して，同じように2年目，3年目と経験年数を積み重ねてさまざまな困難や葛藤を抱えても，それらを契機として探究的省察のプロセスをたどれない場合がある。この場合，経験年数の長さは，仕事に慣れていくことを促すものの，観念の生成がなされず，実践に取り組む姿勢の変容に至らないため専門的成長の指標にはならない。

6．保育者養成課程における実習の意義

　本研究の分析に基づけば，学生が実習生として経験する保育現場と，初期キャ

リアの保育者が担任としての責任を担って経験する保育現場は大きく異なる。ある新任の保育者は，それらは「全然違う世界」だと語ったが，この言葉が両者の違いを象徴している。

　第5章（研究1）で示したように，学生は実習においてリアリティ・ショックを受け，目の前の子どもの姿に応じて子どもとかかわるためには子ども理解が大切だという新たな認識を形成する。しかし，それは初期キャリアの保育者の探究的省察のプロセスとは異なるものである。実習生は，自らの実践を変えていくための観念を生み出して，実践を変えていくところまでは到達し得ない。しかし，実習の意義とは，むしろ逆説的に，それが実習であるからこそ意義があるものではないだろうか。本研究を通じて，実習は次の2点において重要な意義をもっていることが示唆される。

　第一に，実習では，実習先の保育者のもとで子どもとかかわることができるために，保育行為の主体は子どもにあることや，子どもを理解したうえで指導することが大切なこと，保育者が願いやねらいをもって子どもとかかわる必要があることなど，保育の基本的な考え方を学ぶことができることである。もっとも，これらを実習で学ぶことが，職に就いた時に彼らが経験するリアリティ・ショックを生じさせている面もある。初期キャリアの保育者は，子どもを理解したうえで指導することが大切なことを実習で学んだにもかかわらず，いざ自分が担任として子どもたちを指導しようとするとそれができないために，就職前に描いていた保育者像と現実の自分の姿の間にギャップが生じ，彼らはリアリティ・ショックを受けることとなった。しかしながら，その反面で，彼らは保育の中で大切にすべきことを学び，保育者という仕事がいかに責任の重い仕事であるかを自覚的に捉えているからこそ，困難や葛藤を抱えても，保育者として「やるしかない」という態度を形成して，実践に取り組めたのだといえる。

　第二に，学生は実習生という立場で子どもとかかわり，子どものために自分がなにをすべきか，なにができるかを追究する機会をもつことで，「子どもと一緒にいて楽しい」，「子どもがかわいい」と思えるようになっていくことである。こうした経験のできる実習に対して，初期キャリアの保育者にとっての保育現場と

第9章　初期キャリアの保育者の危機と専門的成長　　153

は，自らが責任を負って子どもにかかわる場であり，多大なプレッシャーのもとにある。研究1で得られた学生に関する知見と，研究2から研究4までの初期キャリアの保育者に関する知見を対比させてわかるのは，学生が経験する実習とは，初期キャリアの保育者が悩み苦しんだ先に得られる「子どもと一緒にいられて楽しい」という喜びを，職に就く前に経験できる機会だということである。

ただし，第5章で指摘したように実習において，［子ども理解の発展］か，［ショックからの回避］のどちらをたどるかによって認識の形成のあり方は大きく異なる。ここで述べた実習の意義は，学生が［子ども理解の発展］をたどることができた場合に認められるものである。

7．残された課題

以上，本書では初期キャリアの保育者の危機と専門的成長について追究してきたが，ここで扱ったテーマに関して以下の課題が残されている。

第一に，本書では幼稚園教員に絞って分析を行ったが，今後は保育所保育士や認定こども園の保育者を含めて分析する必要がある。その際に留意する必要があるのは，幼稚園教員と保育所保育士の職務の違いである。幼稚園教員の場合，1年目の新任であってもクラス担任を一人で担うことが多いのに対して，保育所保育士は低年齢児クラスの担当になることも多く，そうした場合はひとつのクラスを複数名の保育士で担当する。これまでに述べてきたように，担任としての責任という点では，幼稚園教員の場合は一人でこの責任を担うことが求められていたが，保育所保育士の場合，とくに低年齢児クラスの場合は複数名の担任が配置されており，担任としての責任の重さのプレッシャーは幼稚園教員が捉えていたものとは異なるかもしれない。また，保育所保育士は幼稚園教員よりも受けもつ子どもの年齢の幅が広い。

このように幼稚園教員と保育所保育士では職務に違いがあり，この違いが保育所保育士に対してどのような困難や葛藤をもたらすのか，そして，それらを契機としていかなる探究的省察がみられるのかを詳細に検討する必要がある。な

お，この点は，幼稚園教員の専門的成長をどの程度「保育者」の専門的成長として保育所保育士とともに括ることができるのかという課題の検討にもつながる。

2つ目の課題は，3年目を過ぎた後の保育者の専門的成長である。初期キャリアの保育者は，1年目のリアリティ・ショックを過ぎた後も，2年目，3年目に至るまで，さまざまな危機に直面し，それが彼らに新たな困難や葛藤を生み出すこととなっていた。しかし，経験年数を積み重ねていく中で次第に仕事に慣れて，初めての事態に直面する機会は減っていくだろう。3年の経験年数を超えて，どの程度の年数を経ることでそうした状態に至るのかも検討が必要であるが，それとともに解明する必要があるのは，その状態において保育者の専門的成長はいかなるものなのかということである。

また，園長などの管理的な立場に変わった時に経験する危機と，それを契機とした専門的成長についても解明される必要がある。こちらについては職位の変化が新たな困難や葛藤を生じさせることが予想される。それらを明らかにし，管理的な立場に立つ保育者の専門的成長を明らかにすることも大きな課題となる。

3つ目は研究方法論に関する課題である。本研究では，初期キャリアの保育者が保育の現場で経験する困難や葛藤と専門的成長を検討するため，調査対象者となった保育者に，職場とは別の場所で，職場とは関係をもたない調査者（筆者）がインタビューを行った。それはテーマに即して保育者に安心して話してもらうという点では，調査方法として多くのメリットをもたらしたと思われる。ただし，本研究ではそうした方法を選択したことにより，保育者が実際にどのように子どもとかかわっているのかということは検討の対象として含めることはできなかった。

しかし，もし，調査対象者の勤務先の園とのつながりをもった調査方法をとる場合，初期キャリアの保育者はまわりを気にして自由に話せなくなるかもしれない。また，困難な経験を吐露することもキャリア上は憚られるだろう。そういう意味では，調査者が保育の場に入り込んだ調査では，本研究の鍵となる初期キャリアの保育者が抱えるさまざまな困難や葛藤に迫ることは難しいと思われる。この点については，本書の問題関心に即した研究方法論のさらなる工夫や検討が

求められる。

　本書はこうしたさまざまな課題を併せもっているが，いずれも本書から得られた知見をふまえて発展させるべき課題である。今後それらを一つひとつ追究していく必要がある。

引用文献

秋田喜代美，2000，「保育者のライフステージと危機」『特集　保育者の成長と専門性（発達83）』ミネルヴァ書房，pp.48-52.

秋田喜代美・箕輪潤子・高櫻綾子，2007，「保育の質研究の展望と課題」『東京大学大学院教育学研究科紀要』47，pp.289-305.

秋田喜代美・安見克夫・小林美樹・鳥井亜紀子・寺田清美，1998，「1年間の保育記録の省察過程：1人の子どもの育ちをめぐるカンファレンス」『立教大学心理学科研究年報』40，pp.59-72.

Bandura, A., 1977, Self-efficacy：Toward a unifying theory of behavior change, *Psychological Review*, 84, pp.191-215.

Benesse次世代育成研究所，2009，『研究所報 VOL.4，第1回幼児教育・保育についての基本調査報告書（幼稚園編・保育所編）』.

Caplan, G., 1961, *An Approach to Community Mental Health*, New York：Grune and Stratton.

Dewey, J., 1910, *How we think*, Boston：D. C. Heath & Co., Publishers.

Dewey, J., 1933, *How we think: A restatement of the relation of reflective thinking to the educative process*, New York：D. C. Heath & Co., Publishers.（＝デューイ，J., 1950,『思考の方法―いかにわれわれは思考するか―』植田清次訳，春秋社）

遠藤知里・竹石聖子・鈴木久美子・加藤光良，2012，「新卒保育者の早期離職問題に関する研究Ⅱ―新卒後5年目までの保育者の「辞めたい理由」に注目して―」『常葉学園短期大学紀要』43，pp.155-166.

遠藤雅子・下田好行，1998，「保育者の自己成長と実践的指導力の形成―新任保育者のリフレクションを通して―」『信州大学教育学部附属教育実践研究指導センター紀要』6，pp.31-40.

榎沢良彦，2004，『生きられる保育空間』学文社。

Fullan, M., & Stiegelbauer, S., l991, *The new meaning of educational change*（2nd ed.）, New York：Teachers College Press.

Glaser, B., & A. L. Strauss, 1967, *The Discovery of Grounded Theory : Strategies for Qualitative Research*, Aldine Publishing Company.（＝グレイザー，B., & ストラウス，A. L., 1996,『データ対話型理論の発見』後藤隆・大出春江・水野節夫訳，新曜社）

後藤節美，2000，「保育者の葛藤と成長」『特集　保育者の成長と専門性（発達83）』ミネルヴァ書房，pp.35-40.

浜崎隆司・加藤孝士・寺薗さおり・荒木美代子・岡本かおり，2008，「保育実習が保

育者効力感，自己評価に及ぼす影響―実習評価を媒介した因果モデルの検討―」
『鳴門教育大学研究紀要』23，pp.121-127.

廣松渉，1982，『存在と意味』岩波書店.

久富陽子，2012，「保育者の協働」阿部和子・梅田優子・久富陽子・前原寛『保育者
論』萌文書林，pp.172-194.

堀淳世，1997，「幼稚園教諭が語る指導方法―経験年数による違い―」『保育学研究』
35（2），pp.60-67.

Huberman, A. M., 1993, *The lives of teachers*, New York：Teacher College Press.

飯野祐樹，2008，「新任保育者の「省察」に関する研究―熟練保育者との比較を通し
て―」『中国四国教育学会教育学研究紀要』54，pp.342-347.

池田幸代・大川一郎，2012，「保育士・幼稚園教諭のストレッサーが職務に対する精
神状態に及ぼす影響：保育者の職務や職場環境に対する認識を媒介変数として」
『発達心理学研究』23（1），pp.23-35.

池本美香，2011，「経済成長戦略として注目される幼児教育・保育政策」『教育社会学
研究』88，pp. 27-45.

入江礼子，1998，「新任の保育者と子どものかかわり」『保育の実践と研究』3（3），
pp.14-31.

岩立京子・樟本千里・福田真奈，1998，「幼稚園教諭および保育所保母のキャリア形
成（1）―保育者の保育実践における経験内容およびその経験年数による差につい
て―」『東京学芸大学紀要第1部門』49，pp.215-220.

梶田正巳・杉村伸一郎・後藤宗理・吉田直子・桐山雅子，1990，「保育観の形成過程
に関する事例研究」『名古屋大学教育学部紀要教育心理学科』37，pp.141-162.

神谷哲司，2010，「保育系短期大学生の進学理由による保育者効力感の縦断的変化」
『保育学研究』48（2），pp.192-201.

加藤光良・鈴木久美子，2011，「新卒保育者の早期離職問題に関する研究Ⅰ」『常葉
学園短期大学紀要』42，pp.79-94.

加藤由美・安藤美華代，2013a，「新任保育者の抱える困難―語りの質的検討―」『兵
庫教育大学大学院連合学校教育学研究科教育実践学論集』14，pp.27-38.

加藤由美・安藤美華代，2013b，「新任保育者の抱える職務上の困難感の要因に関す
る研究―新任保育者と中堅・ベテラン保育者および園長との比較―」『岡山大学大
学院教育学研究科研究集録』154，pp.15-23.

金政志，2009，「新人保育者による省察の意味とその変容を支える支援のあり方―保
育実践後の保育者間の話し合い（対話）から―」『保育学研究』47（1），pp.66-78.

木下康仁，2003，『グラウンデッド・セオリー・アプローチの実践』弘文堂.

木下康仁，2007，『ライブ講義M-GTA　実践的質的研究法　修正版グラウンデッド・
セオリー・アプローチのすべて』弘文堂.

岸井慶子，2000，「保育現場から保育者の専門性を考える」『特集　保育者の成長と

専門性（発達 83）』ミネルヴァ書房，pp.16-21.

小林幸平・箱田琢磨・小山智典・小山明日香・栗田広，2006，「保育士におけるバーンアウトとその関連要因の検討」『臨床精神医学』第 35 巻第 5 号，pp.563-569.

香曽我部琢，2012，「小規模地方自治体における保育者の成長プロセス―保育実践コミュニティの形成プロセスに着目して―」『東北大学大学院教育学研究科研究年報』60，pp.125-152.

香曽我部琢，2013，「保育者の転機の語りにおける自己形成プロセス―展望の形成とその共有化に着目して―」日本保育学会『保育学研究』51（1），pp.117-130.

久世妙子・神戸新子・笠井志紀子・針谷宏弥，1997，「教育・保育実習のあり方に関する総合研究（1）―附属幼稚園実習日誌記録からみた学生の育ち―」『松阪大学女子短期大学部論叢』35，pp.30-42.

Lieblich, A., 1998, Reading a Life Story From a Holistic-Content Perspective．Lieblich, A., Tuval-Mashiach, R., & Zilber，T., *Narrative Research : Reading, Analysis, and Interpretation*, California：Sage Publications, pp.62-79.

Lauder, H., Brown, P., Dillabough, J. A. and Halsey, A. H., eds., 2006, *Education, Globalization, and Social Change*, Oxford：Oxford University Press.（＝ローダー，H．他編，2012，『グローバル化・社会変動と教育 1―市場と労働の教育社会学』広田照幸・吉田文・本田由紀編訳，東京大学出版会）

松永しのぶ・坪井寿子・田中奈緒子・伊藤嘉奈子，2002，「保育実習が学生の子ども観，保育士観におよぼす影響」『鎌倉女子大学紀要』9，pp.23-33.

Merriam, S. B., 1998, *Qualitative Research and Case Study Applications in Education*（rev, ed.），San Francisco：Jossey-Bass Publishers.（＝メリアム，S. B., 2004，『質的調査法入門―教育における調査法とケーススタディー』堀薫・久保真人・成島美弥訳，ミネルヴァ書房）

三木知子・桜井茂男，1998，「保育専攻短大生の保育者効力感に及ぼす教育実習の影響」『教育心理学研究』46（2），pp.83-91.

三谷大紀，2006，「保育者が「協働」していく時―新人保育者と先輩保育者の関係の変容過程をてがかりとして―」『青山学院大学教育学会紀要教育研究』50，pp.117-136.

三宅幹子，2005，「保育者効力感研究の概観」『福山大学人間文化学部紀要』5，pp.31-38.

宮下敏恵，2010，「保育士におけるバーンアウト傾向に及ぼす要因の検討」『上越教育大学研究紀要』29，pp.177-186.

溝口綾子，2009，「新任保育者の保育実践における課題意識と省察に関する研究」『教材学研究』20，pp.235-244.

水野智美・徳田克己，2008，「就職後 3 ヶ月の時点における新任保育者の職場適応」『近畿大学臨床心理センター紀要』創刊号，pp.75-84.

森知子，2003，「保育者を志す学生の自己効力感と実習評価の関連―保育者養成校における実習教育プログラムをとおして―」『関西学院大学臨床教育心理学会紀要臨床教育心理学研究』29（1），pp.31-41.

森本美佐・林悠子・東村知子，2013，「新人保育者の早期離職に関する実態調査」『奈良文化女子短期大学紀要』44，pp.101-109.

森野美央・飯牟礼悦子・浜崎隆司・岡本かおり・吉田美奈，2011，「保育者効力感の変化に関する影響要因の縦断的検討―保育専攻学生における自信経験・自信喪失経験に着目して―」『保育学研究』49（2），pp.212-223.

無藤隆，2009，『幼児教育の原則―保育内容を徹底的に考える―』ミネルヴァ書房。

内藤和美・入江礼子・杉崎友紀・上田優子・沼野ちひろ・丸田愛子・平野真純・塩原紀子，2005，「園内研修を通した保育者の成長プロセスの検討―週日案にみる保育構造の捉えから―」『鎌倉女子大学紀要』12，pp.35-44.

仲野悦子・田中まさ子，2009，「語りから捉えた新任保育者の成長の契機」『岐阜聖徳学園大学短期大学部紀要』41，pp.61-73.

西山修，2005，「幼児の人とかかわる力を育むための保育者効力感尺度の開発」『乳幼児教育学研究』14，pp.101-108.

西山修，2006，「幼児の人とかかわる力を育むための多次元保育者効力感尺度の作成」『保育学研究』44（2），pp.150-160.

西山修，2008，「保育者のアイデンティティと効力感は保育実践に影響を及ぼすか―領域「人間関係」について―」『乳幼児教育学研究』17，pp.19-28.

西山修，2011，「領域「人間関係」に関わる保育者支援プログラムの検討―保育者効力感について―」広島大学大学院教育学研究科附属幼年教育研究施設『幼年教育研究年報』33，pp.89-96.

西山修・片山美香，2013，「初任初期における保育者支援プログラムの個別実施とその効果」『岡山大学大学院教育学研究科研究集録』152，pp.1-9.

西坂小百合，2002，「幼稚園教諭の精神的健康に及ぼすストレス，ハーディネス，保育者効力感の影響」『教育心理学研究』50（3），pp.283-290.

西坂小百合，2006，「幼稚園教諭のストレスと精神的健康に及ぼす職場環境，精神的回復力の影響」『立教女学院短期大学紀要』38，pp.91-99.

西坂小百合，2010，「若手幼稚園教師の精神的健康に及ぼすストレスと職場環境の影響」『立教女学院短期大学紀要』42，pp.101-110.

西坂小百合・岩立京子，2004，「幼稚園教諭のストレスと精神的健康に及ぼすハーディネス，ソーシャルサポート，コーピング・スタイルの影響」『東京学芸大学紀要第1部門』55，pp.141-149.

野口裕二，2005，『ナラティブの臨床社会学』勁草書房.

小原敏郎・入江礼子・白石敏行・友定啓子，2008，「子ども同士のトラブルに保育者はどうかかわっているか―保育者の経験年数・トラブルが生じる状況による分析

を中心に─」『乳幼児教育学研究』17，pp.93-103.

大場幸夫，2007，『こどもの傍らに在ることの意味　保育臨床論考』萌文書林。

大西道子・秋山有美子，2003，「保育者養成における学生の成長過程─観察・参加実習における子ども理解─」『保育士養成研究』21，pp.29-36.

Patton, M. Q., 1990, *Qualitative evaluation and research methods*（2nd ed.），Newbury Park, California：Sage.

齊藤友介，2000，「保育士の働きがいに及ぼす保育者効力の影響」『保育学研究』38（2），pp.26-32.

桜井厚，1995，「ライフヒストリーの構成的な見方」中野卓・桜井厚編『ライフヒストリーの社会学』弘文堂，pp.224-230.

澤津まり子・永田彰子，2010，「実習生による保育所実習体験の振り返りと意味づけプロセス─実習後の聞き取り調査から─」『就実教育自薦研究』3，pp.45-55.

Schein, E. H., 1978, *Career Dynamics : matching individual and organizational needs*, Boston：Addison-Wesley Publishing Company.（＝シャイン，E. H.，1991，『キャリア・ダイナミクス─キャリアとは，生涯を通しての人間の生き方・表現である』二村敏子・三善勝代訳，白桃書房）

Schön, D. A., 1983, *The Reflective Practitioner : How Professionals Think in Action*, New York：Basic Books.（＝ショーン，D. A., 2007，『省察的実践とは何か─プロフェッショナルの行為と思考─』柳沢昌一・三輪建二監訳，鳳出版）

志賀智江，1993，「幼稚園教育における「幼児理解」の研究─その2　教育実習を通してみた幼児理解の変容効果─」『青山學院女子短期大學紀要』47，pp.95-116.

志賀智江，2004，「教育実習による幼児理解の促進と変容」『青山學院女子短期大學紀要』58，pp.75-92.

嶋崎博嗣・森昭三，1995，「保育者の精神健康に影響を及ぼす心理社会的要因に関する実証的研究」『保育学研究』33（2），pp.35-44.

鈴木香奈恵・仲本美央，2006，「幼稚園教育実習に関する研究Ⅱ─子どもとの関わりについて─」『埼玉純真女子短期大学研究紀要』22，pp.31-36.

高濱裕子，1997，「保育者の保育経験のいかし方─指導の難しい幼児への対応─」『保育学研究』35（2），pp.84-93.

高濱裕子，2000，「保育者の熟達化プロセス：経験年数と事例に対する対応」『発達心理学研究』11（3），pp.200-211.

高濱裕子，2001，『保育者としての成長プロセス』風間書房.

高井良健一，2007，「教師研究の現在」『教育學研究』74（2），pp.251-260.

高村和代，2001，「教育実習が職業意識およびアイデンティティに及ぼす影響に関する探索的研究─幼稚園教育実習直後に着目して─」『岐阜聖徳学園大学短期大学部紀要』33，pp.65-75.

田中まさ子，2010，「新任保育者の職場への定着のプロセス」『岐阜聖徳学園大学短

期大学部紀要』42，pp.1-14.

田中まさ子・仲野悦子，2010，「新任保育者の職場への定着と保育の力量形成—2つの事例を通して—」『岐阜聖徳学園大学短期大学部紀要』43，pp.15-21.

田甫綾野，2005，「保育実践者の保育観や「構え」はどのように形成されたか—ある保育者のライフストーリーを通して—」『日本女子大学大学院紀要　家政学研究科・人間生活学研究科』11，pp.35-48.

寺見陽子・西垣吉之，2000，「保育実践と保育者の成長—新任保育者の子どもとのかかわりと自己変容過程を通して—」『神戸親和女子大学児童教育学研究』19，pp.17-48.

冨田久枝，2009，「保育現場におけるカウンセリングニーズの実態と課題」こども未来財団．

津守真，1998，「保育者としての教師」『岩波講座現代の教育第6巻　教師像の再構築』岩波書店，pp.147-168.

津守真，2002，「保育の知を求めて」『教育學研究』69（3），pp.357-366.

上田淑子，2001，「保育者の専門的力量研究の展開」『安田女子大学大学院文学研究科紀要教育学専攻』8，pp.113-129.

上田淑子，2003，「保育者の力量形成過程—初任時と4年目の追跡調査から—」『安田女子大学大学院文学研究科紀要』8，pp.43-55.

上村眞生，2011，「保育士のレジリエンスとメンタルヘルスの関連に関する研究—保育士の経験年数による検討—」『広島大学大学院教育学研究科紀要』60，pp.249-257.

上村眞生，2012，「保育士のメンタルヘルスに関する研究—保育士の経験年数に着目して—」『保育学研究』50（1），pp.53-60.

渡辺桜，2006，「保育における新任保育者の「葛藤」の内的変化と保育行為に関する研究—全体把握と個の援助の連関に着目した具体的方策の検討—」『乳幼児教育学研究』15，pp.35-44.

山川ひとみ，2009，「新人保育者の1年目から2年目への専門性向上の検討—幼稚園での半構造化面接から—」『保育学研究』47（1），pp.31-41.

山本多喜司，1992，「人生移行とは何か」山本多喜司・S. ワップナー編『人生移行の発達心理学』北大路書房，pp.2-24.

山勢博彰，2002，「危機理論と危機介入」『救急医学』26（1），pp.5-9.

吉村香，2012，「保育者の語りに表現される省察の質」『保育学研究』50（2），pp.154-164.

吉村香・吉岡晶子・岩上節子・田代和美，1997，「保育者の成長における実践と省察」『保育学研究』35（2），pp.68-75.

吉岡一志，2007，「保育士の成長を支える信念の形成過程—ある保育士のライフストーリーを中心に—」『広島大学大学院教育学研究科紀要第三部教育人間科学関連領域』56，pp.101-108.

おわりに

　本書は，2015 年度に大妻女子大学大学院家政学研究科に提出した博士論文
『保育者の初期キャリアにおける危機と専門的成長に関する質的研究』に加筆修
正を行ったものである。

　学部を卒業後，社会人経験を経て，大学院で学ぶ機会を得られたことは，私に
とって大きな喜びでありました。その一方で，安定した仕事を離れて，先の見え
ない研究生活を送ることは困難をともなうものでもありました。研究の方向性が
定まらず，くじけそうになる度に，進むべき道に光を照らし導いてくれた多くの
方々との出会いがあり，これまでの研究の成果をまとめることができました。

　本書の大部分は，長期間にわたりインタビューに応じてくださった保育者の
方々との出会いを通じて得られた成果です。お一人おひとりが語ってくれた言葉
が常に私のそばにあり，研究を進めていくことができました。就職したばかりの
時期から快くお引き受けくださった保育者の方々に心より御礼申し上げます。

　大学院時代から現在に至るまで受け入れていただいている保育現場の先生方
と子どもたちにも深く御礼申し上げます。最初は，保育の場にどのように身を置
けばよいのかわからず，邪魔にならないだろうか，迷惑になるのではないだろう
かということばかり考えていました。そんな私にいつもそっと声をかけてくださ
り，保育という営みのおもしろさや難しさを教えてくださった園長先生のご厚意
には感謝してもしきれません。自分自身が保育の場に入って，保育の仕事に携わ
る方々との出会いがなければ，保育者という職業に迫ることはできなかったと思
います。

　質問紙調査およびインタビュー調査にご協力いただいた学生の皆様，調査の
実施においてお力添えいただいた幼稚園教育実習担当の先生方，助手の方々に
御礼を申し上げます。また，お名前をここですべて挙げることはできませんが，
研究の途上では多くの方にご支援いただきました。大学院では林明子さんに出
会い，互いに悩みながら，励まし合いながら研究活動に没頭して過ごした日々

は，なにものにも代えがたい時間です。あらためて感謝申し上げます。

　博士論文の執筆に際して，現在は上智大学にいらっしゃる酒井朗先生にご指導いただきました。研究としての形がまったく見えない段階から，論文指導のために時間と労力を惜しみなく割いてくださり，酒井先生から示唆に富む的確なご助言をいただく度に，研究のおもしろさに引き込まれ，論文を書き上げることができました。大妻女子大学の金田卓也先生，田代和美先生には，論文の審査員として執筆の段階から貴重なご助言をいただきました。東京家政大学の榎沢良彦先生には，審査員をお引き受けいただくとともに，膨大なインタビュー調査の結果から初期キャリアの保育者の探究的省察のプロセスを描き，その意味を理解するうえで多くのご示唆をいただきました。さらに大学院修了後は，日本大学の広田照幸先生に大変お世話になりました。同大学の研究員として受け入れてくださり，教育学，教育社会学の基礎から学ばせていただきました。そこから多くの刺激を得たことで博士論文をブラッシュアップすることができ，本書の刊行にたどり着くことができました。先生方のご指導に厚く御礼申し上げます。

　本書の刊行にあたっては，日本学術振興会より平成29年度科学研究費補助金・研究成果公開促進費「学術図書」（課題番号17HP5212）の助成を受けました。この刊行助成の申請と本書の刊行にあたっては，学文社の落合絵理さんに多大なご支援・ご協力を賜りました。心より御礼申し上げます。

　最後に，大学院に進学したいという私の思いを理解し，いつでもあたたかいまなざしで研究生活をすべての面で支えてくれた家族に感謝いたします。

　2018年1月

谷川　夏実

初出一覧

　本書のもととなっている論文の初出は以下のとおりである。なお、大幅に加筆・修正しているものもある。

「幼稚園実習におけるリアリティ・ショックと保育に関する認識の変容」『保育学研究』第48巻第2号，2010，pp.202-212.

「学生から保育者への移行にともなう危機と専門的成長—成長の契機としての「危機」の意義 —」『ホリスティック教育研究』第14号，2011，pp.47-57.

「新任保育者の危機と専門的成長」『保育学研究』第51巻第1号，2013，pp.105-116.

「初期キャリアの保育者の危機と専門的成長に関する研究動向」『教師学研究』第16号，2015，pp.13-22.

「新任幼稚園教員のリアリティ・ショックと仕事に対する認識の形成に関する質的研究」『教師学研究』第20巻第2号，2017，pp.21-30.

索　引

あ行

園の方針　73, 76

か行

学校教員統計調査　8, 11
カテゴリー　47
観念の生成　91, 94, 125, 128, 132,
　136, 144, 148, 152
危機 (crisis)　6
危機理論　5
技術的専門家　29
逆説のナラティブ　86
キャプラン，G.　5
キャリア・サイクル　4, 6
キャリアへのエントリー　4
教育職員養成審議会答申　2
教員の専門的成長　7, 149, 155
グラウンデッド・セオリー・アプローチ
　37
　　修正版――　37, 46, 65, 67
経験年数の積み重ね　152
コアカテゴリー　48
子どもの姿が教えてくれる　98
子ども―保育者関係　150
子ども理解の発展　50, 61

さ行

作業に追われている　103, 115
時間的余裕　105, 115
自己効力感　16, 21
仕事に対する認識の形成　73, 88
実習先の保育者との出会い　61, 62,
　147
実習の意義　152, 153
質的研究法　35, 37
自分が主語から子どもが主語へ　95
シャイン，E.H.　4, 6, 8, 64
熟達化　11, 25, 148, 152

省察的実践者　29
省察に関する研究　14, 19, 31
初期キャリア　1, 2, 4, 6, 17, 25,
　26, 30, 32, 64, 146, 148, 150, 152
ショックからの回避　58, 61
ショーン，D.A.　27, 29
ジレンマ　26, 27
人生移行　5
新任の仕事　70
責任の重さ　154
先輩保育者との (日常的な) やりとり
　107, 109, 110
早期離職　8, 17, 64
　　――者　13

た行

絶えざる比較　36
探究的省察　27, 30, 32
担任としての責任　75, 80, 147
中央教育審議会答申　2
technical expert　29
デューイ，J.　27, 28
とにかくやるしかない　85, 88, 147

な行

ナラティブ　37
　　――のテーマ　95, 121
ナラティブ・アプローチ　37, 94, 121

は行

バーンアウト　15, 149
半構造化インタビュー　35
保育記録　12, 17
保育者効力感　16, 21
保育者なる役割を担った存在　150
保育者に向いていないかもしれない　83,
　88, 147
保育者の危機　7, 10, 32
保育者の成長　7, 14

保育者の専門性　　1，2，27
保育者の専門的成長　　1，25
保育者養成課程　　33，62，146，150，
　152
保育の質　　1，4，11，14，30
保護者との関係　　142，143
Holistic-Content Perspective　　37，94

ま行

学び続ける教員像　　2
未解決の事態　　28
「見てくれている」関係　　111
問題の気づき　　91，95

や行

幼稚園実習　　33，40

ら行

ライフコース　　5
ライフサイクル　　5
ライフヒストリー　　13
リアリティ・ショック　　6，7，64，73
力量形成　　12，25
reflective thinking　　27，28，30
reflective practitioner　　27，29
例外事例（nagative cases）　　48

【著者紹介】

谷川　夏実（たにがわ　なつみ）

津田塾大学学芸学部卒業。大妻女子大学大学院家政学研究科博士後期
課程修了。博士（学術）。

現　　在　上智大学総合人間科学部共同研究員，明治学院大学心理学部
　　　　　非常勤講師。専門は幼児教育学。

主論文　「新任幼稚園教員のリアリティ・ショックと仕事に対する認識
　　　　　の形成に関する質的研究」（『教師学研究』第20巻第2号，
　　　　　2017），「新任保育者の危機と専門的成長」（『保育学研究』第51
　　　　　巻第1号，2013）

保育者の危機と専門的成長
―幼稚園教員の初期キャリアに関する質的研究

2018年1月11日　第1版第1刷発行

著　者　谷川　夏実

発行者　田中　千津子　　〒153-0064　東京都目黒区下目黒3-6-1
　　　　　　　　　　　　電話　03（3715）1501（代）
発行所　株式
　　　　会社　学 文 社　　FAX　03（3715）2012
　　　　　　　　　　　　http://www.gakubunsha.com

© Natsumi TANIGAWA 2018　　　　　　　印刷　新灯印刷
乱丁・落丁の場合は本社でお取替えします。　Printed in Japan
定価は売上カード，カバーに表示。

ISBN 978-4-7620-2755-0